审计委员会
透明度的经济后果

基于中国背景的准自然实验研究

王金妹◎著

THE ECONOMIC CONSEQUENCES OF
AUDIT COMMITTEE TRANSPARENCY:
A QUASI-NATURAL EXPERIMENTAL STUDY BASED ON
CHINESE BACKGROUND

经济管理出版社
ECONOMY & MANAGEMENT PUBLISHING HOUSE

图书在版编目（CIP）数据

审计委员会透明度的经济后果：基于中国背景的准自然实验研究/王金妹著.—北京：经济管理出版社，2022.10
ISBN 978-7-5096-8785-7

Ⅰ.①审… Ⅱ.①王… Ⅲ.①审计—研究—中国 Ⅳ.①F239.22

中国版本图书馆 CIP 数据核字（2022）第 195378 号

组稿编辑：赵亚荣
责任编辑：赵亚荣
一审编辑：李光萌
责任印制：黄章平
责任校对：陈　颖

出版发行：经济管理出版社
　　　　　（北京市海淀区北蜂窝 8 号中雅大厦 A 座 11 层　100038）
网　　　址：www.E-mp.com.cn
电　　　话：（010）51915602
印　　　刷：唐山昊达印刷有限公司
经　　　销：新华书店
开　　　本：720mm×1000mm/16
印　　　张：13.25
字　　　数：231 千字
版　　　次：2022 年 11 月第 1 版　　2022 年 11 月第 1 次印刷
书　　　号：ISBN 978-7-5096-8785-7
定　　　价：68.00 元

前　言

审计委员会作为企业财务报告的内部独立监管力量，自 20 世纪 30 年代问世以来便被各利益相关者寄予厚望。但事与愿违，审计委员会似乎并没有发挥预期的监督治理作用，近年来全球范围内频发的财务舞弊事件引起了公众对审计委员会的深度质疑，因为他们对于审计委员会是否履职以及如何履职几乎一无所知。如何提高审计委员会履职的有效性，增强投资者对审计委员会的信心？国际会计师联合会（IFAC）曾在报告中指出，提高审计委员会的运行效率至关重要的是增加审计委员会履行职责的透明度。2013 年，上海证券交易所发布了《上市公司董事会审计委员会运作指引》，对审计委员会信息披露问题做出了进一步规定。美国证券交易委员会（SEC）于 2015 年发布了题为 "Possible Revisions to Audit Committee Disclosure" 的概念公告，以征求公众对审计委员会信息披露改革的意见或建议。与此同时，其他国家或地区（如英国、澳大利亚、欧盟等）的监管机构也在积极寻求审计委员会透明度的改变。但是，这场关于审计委员会透明度重大变革的成本与收益问题引起了实务界的诸多争议。在已有的研究中，对于其自愿披露形成了有效和无效两种观点。那么，若通过强制要求披露履职信息来提高审计委员会的透明度，会带来什么样的影响？似乎鲜有文献对其进行讨论，因此审计委员会透明度改革的成本与收益仍然是一个经验问题。

基于此，本书以我国 A 股非金融类上市公司为研究对象，利用 2013 年上海证券交易所审计委员会信息强制披露要求的准自然实验，分别以会计信息质量、高管在职消费、大股东掏空行为以及企业价值为主要切入点，考察提高审计委员会透明度带来的经济后果。实证结果显示：①审计委员会透明度的提高显著提升了企业会计信息质量，且该效应在错报风险和代理成本较高的公司中更加显著，这说明审计委员会透明度的提高能够对审计委员会在会计信息质量中的监督效果产生积极作用，尤其是在财务报告生成机制不完善的情况下。②审计委员会透明度的提高显著降低了高管在职消费水平，且该效应在内外部治理环境相对薄弱的公司中更加显著，这说明审计委员会透明度的提高降低了股东与管理层之间的代理成本，尤其是在内外部信息高度不对称的情况下。③审计委员会透明度的提高显著降低了大股东掏空程度，且该效应在大股东掏空动机更强、掏空机会更多的公司中更为显著，这说明审计委员会透明度的提高降低了大股东与中小股东之间的代理成本，尤其是在大股东约束机制不完善的情况下。④审计委员会透明度的提高显著提升了企业价值，且该效应在内部治理水平和外部市场化程度相对较低的公司中更加显著。这说明审计委员会透明度的提高能够在成本与收益的平衡中产生积极的综合效应。在这些基础上，本书进一步通过对审计委员会特征的检验发现，在提高审计委员会透明度后，审计委员会特征与会计信息质量、高管在职消费、大股东掏空行为、企业价值上升的关联度更强，在一定程度上说明透明度的提高促进了审计委员会成员特征从形式转化为实质，支撑审计委员会监督和治理作用的发挥。

本书的主要创新与贡献在于：①从收益视角回应了当前有关审计委员会透明度改革的争议。目前，包括美国在内的诸多国家都在尝试推动审计委员会信息强制披露的改革，但是针对其成本与收益之争，始终缺乏经验证据的支持。本书基于我国上海证券交易所出台的强制披露要求，从会计信息质量、代理成本、企业价值等角度实证检验了审计委员会透明度变化带来的影响。②丰富了有关审计委员会履职效率的影响因素的相关文献。通过梳理现有关于审计委员会履职效率影响因素的研究可以看到，相关文献多集中于审计委员会的特征属性以及小部分内外部环境因素。本书则利用外部监管政策的变化，实证检验了审计委员会透明度的变化对审计委员会的监督履职带来的影响。③扩展并丰富了国内有关审计委员会经济后果的研究。自审计委员会的职责界定和完善后，相关研究主要围绕着审计委员会对财务报告质量、内部控制以及外部审计的影响展开。本书则从高管在职消费和大股东掏空行为视角，验证了审计委员会在降低股东与管理层代理成本、保护中小投资者利益方面的治理效应，以及对企业价值的综合影响。④本书基于外生事件的准自然实验研究，在一定程度上缓解了审计委员会研究中的内生性问题。审计委员会作为公司的内部治理机制，其组成结构可能是内生决定的。本书利用上海证券交易所发布强制信息披露要求这一外生事件，构建双重差分模型，较好地分离事件组和对照组在政策前后变化的差异，从而有效避免了互为因果、样本选择、遗漏变量的内生性问题，为审计委员会的相关研究提供了方法上的借鉴。

目　录

第一章　绪论 ……………………………………………………… 1

　　第一节　研究背景与研究问题 …………………………………… 1

　　第二节　研究思路与结构框架 …………………………………… 5

　　第三节　研究创新与贡献 ………………………………………… 9

第二章　制度背景 ………………………………………………… 13

　　第一节　审计委员会的起源 ……………………………………… 13

　　第二节　美国审计委员会披露监管的发展 ……………………… 14

　　　　一、1999 年《S-K 规则》 ……………………………………… 14

　　　　二、2002 年《SOX 法案》 ……………………………………… 16

　　第三节　中国审计委员会披露监管的发展 ……………………… 18

　　　　一、2007 年《年报准则》 ……………………………………… 18

　　　　二、独立董事披露要求 ………………………………………… 19

　　第四节　审计委员会透明度的改革与讨论 ……………………… 21

　　　　一、SEC 概念公告内容 ………………………………………… 21

　　　　二、成本与收益之争 …………………………………………… 25

　　　　三、2013 年《上海证券交易所上市公司董事会审计委员会
　　　　　　运作指引》 ………………………………………………… 26

第三章　文献综述 ………………………………………………… 28

　　第一节　审计委员会的经济后果 ………………………………… 29

一、审计委员会与财务报告质量 ……………………………… 30

二、审计委员会与外部审计 …………………………………… 33

三、审计委员会与公司治理 …………………………………… 35

第二节 审计委员会效率的影响因素 …………………………… 37

一、审计委员会特征 …………………………………………… 37

二、内外部治理环境 …………………………………………… 46

第三节 审计委员会信息披露 …………………………………… 48

第四节 文献述评 ………………………………………………… 52

第四章 审计委员会透明度与会计信息质量 ………………… 55

第一节 引言 ……………………………………………………… 55

第二节 制度背景与研究假设 …………………………………… 58

一、制度背景 …………………………………………………… 58

二、研究假设 …………………………………………………… 60

第三节 研究设计 ………………………………………………… 62

一、样本选择和数据来源 ……………………………………… 62

二、模型设定 …………………………………………………… 62

第四节 实证结果与分析 ………………………………………… 63

一、倾向得分匹配法（PSM）结果 …………………………… 63

二、单变量分析 ………………………………………………… 65

三、多元回归分析 ……………………………………………… 66

第五节 进一步检验 ……………………………………………… 67

一、平行趋势检验 ……………………………………………… 67

二、机理检验 …………………………………………………… 70

三、异质性检验 ………………………………………………… 74

四、替代性解释 ………………………………………………… 78

五、审计委员会其他职责的检验 ……………………………… 79

第六节 稳健性检验 ……………………………………………… 81

一、会计信息质量的重新定义 ………………………………… 81

二、控制组自愿性披露样本的剔除 …………………………… 82

三、审计委员会特征变量的控制 ……………………………… 84

　　四、控制个体固定效应 ·· 85

　第七节　本章小结 ·· 87

第五章　审计委员会透明度与高管在职消费 ······················ 88

　第一节　引言 ·· 88

　第二节　理论分析与研究假设 ···································· 90

　第三节　研究设计 ·· 93

　　一、样本选择和数据来源 ·· 93

　　二、模型设定 ·· 94

　第四节　实证结果与分析 ·· 95

　　一、描述性统计 ·· 95

　　二、多元回归分析 ·· 98

　第五节　进一步检验 ·· 100

　　一、基于审计委员会特征检验 ·································· 100

　　二、横截面检验 ··· 103

　　三、替代性解释的检验 ·· 107

　　四、经济后果的检验 ·· 109

　第六节　稳健性检验 ·· 111

　　一、平行趋势检验 ··· 111

　　二、在职消费变量的其他度量 ·································· 114

　　三、其他不同样本的检验 ······································ 116

　　四、控制公司个体固定效应 ···································· 118

　第七节　本章小结 ··· 120

第六章　审计委员会透明度与大股东掏空行为 ··················· 121

　第一节　引言 ··· 121

　第二节　理论分析与研究假设 ··································· 123

　　一、大股东掏空行为 ·· 123

　　二、审计委员会透明度与大股东掏空行为 ······················ 125

　第三节　研究设计 ·· 127

　　一、样本选择和数据来源 ······································ 127

二、模型设定 ……………………………………………… 128

　第四节　实证结果 …………………………………………… 129

　　一、描述性统计 …………………………………………… 129

　　二、多元回归分析 ………………………………………… 131

　第五节　进一步检验 ………………………………………… 132

　　一、基于审计委员会特征检验 …………………………… 132

　　二、横截面检验 …………………………………………… 136

　　三、经济后果的检验 ……………………………………… 139

　第六节　稳健性检验 ………………………………………… 141

　　一、平行趋势检验 ………………………………………… 141

　　二、大股东掏空变量的其他衡量 ………………………… 144

　　三、其他不同样本的检验 ………………………………… 145

　　四、审计委员会特征变量的控制 ………………………… 147

　　五、控制公司个体固定效应 ……………………………… 148

　第七节　本章小结 …………………………………………… 149

第七章　审计委员会透明度与企业价值 …………………… 151

　第一节　引言 ………………………………………………… 151

　第二节　理论分析与研究假设 ……………………………… 153

　第三节　研究设计 …………………………………………… 156

　　一、样本选择和数据来源 ………………………………… 156

　　二、模型设定 ……………………………………………… 156

　第四节　实证结果与分析 …………………………………… 158

　　一、描述性统计 …………………………………………… 158

　　二、多元回归分析 ………………………………………… 160

　第五节　进一步检验 ………………………………………… 162

　　一、基于审计委员会特征检验 …………………………… 162

　　二、横截面检验 …………………………………………… 167

　第六节　稳健性检验 ………………………………………… 170

　　一、平行趋势检验 ………………………………………… 170

　　二、企业价值变量的其他度量 …………………………… 173

三、其他不同样本的检验 ………………………………… 175

四、控制公司个体固定效应 ………………………………… 176

第七节　本章小结 …………………………………………… 178

第八章　研究结论与相关建议 ………………………………… 180

第一节　主要研究结论 ……………………………………… 180

第二节　相关建议 …………………………………………… 182

第三节　局限性与未来的研究方向 ………………………… 185

参考文献 ………………………………………………………… 187

第一章 绪论

第一节 研究背景与研究问题

审计委员会作为企业财务报告的内部独立监管力量，自 20 世纪 30 年代问世以来便被监管机构、市场投资者及其他利益相关者寄予厚望。美国证券交易委员会（SEC）前主席 Levitt 在名为"数字游戏"的演讲中指出，上市公司在财务报告中玩弄数字游戏，欺骗和误导投资者，建议组建小组检查审计委员会在公司治理中的效用。作为回应，纽约证券交易所（NYSE）和全美证券交易商协会（NASD）成立了"蓝带委员会"（Blue Ribbon Committee，BRC），并于 1999 年 2 月发布了"蓝带委员会关于提高审计委员会效率的报告和建议"，以加强审计委员会在监督公司财务报告过程中的作用。21 世纪初，安然、世通等震惊各界的会计丑闻的爆发令投资者对资本市场的信任跌入谷底，美国国会和政府迅速通过了《萨班斯法案》（以下简称《SOX 法案》）以期恢复投资者对资本市场的信心。其中 302、407 等条款中进一步扩大了审计委员会的职责范围，尤其强调了审计委员会在约束经理人、提高外部审计独立性方面的突出作用，希望审计委员会能够对财务报告生成与外部审计进行有效监督，以保证财务报告信息的完整性和可靠性。但事与愿违，审计委员会似乎并没充分发挥预期的治理监督作用，近年来全球范围内仍在频繁发生的各类财务舞弊事件，引起了公众对于审计委员会的深度质疑，因为他们对审计委员会是否履职以及如何履职几乎一无所知（Ernst & Young，2012）。目前，对于审计委员会活动的披露只是高度概括性的，同章程、条文等规范性文件的表述基本无异。而且，现有关于审计委员会的监管要求与披露，如《SOX 法案》407 条款要求公司在定期财务报告中披露审计委员会是否由独立董事组成，并至少包含一名财务专家，并未给投资者带来收益（Kim and Klein，2017），且如此强调"形式"特征而非"实质"履职，亦没有自动形成有效的审计委员会（Lisic et al.，2016）。

由此产生的问题是，如何提高审计委员会履职的有效性，从而缓解投资者的疑虑，增强其对审计委员会的信心？上海证券交易所（以下简称"上交所"）在《中国公司治理报告（2008）：透明度与信息披露》中指出，透明的信息披露制度是保障资本市场公平、公开、有效的基础。为增强投资者对资本市场的信心，必须推进上市公司治理的信息披露制度建设，加强监管机构的监管力度。自 2002 年《上市公司治理准则》提出设立审计委员会以来，审计委员会制度在我国建立并运行已 20 年，但自此准则发布很长一段时间内，无任何专门关于审计委员会的监管政策或规范指引。在审计委员会信息披露方面，监管机构的要求过于笼统，不甚具体，直到 2013 年，我国上交所发布了《上海证券交易所上市公司董事会审计委员会运作指引》。该指引除对审计委员会的设置、人员构成、职责等做了全面的说明与规定外，还对信息披露问题相对于以前的监管要求做出了进一步规定，包括：①审计委员会年度履职情况和会议召开情况；②审计委员会履职过程中发现的重大问题，上市公司须及时披露该等事项及其整改情况；③审计委员会就其职责范围内事项向上市公司董事会提出审议意见，董事会未采纳的，上市公司须披露该事项并充分说明理由；④审计委员会就上市公司重大事项出具的专项意见。相比以前的披露要求，该指引要求的内容涵盖了审计委员会的基本信息、年度履职情况、履职过程中发现的重大问题以及相关意见，虽仍不能完全清楚地了解审计委员会对重大问题的处理过程，但该指引意味着我国监管机构对上市公司审计委员会制度透明度的极大改进。

2013 年，美国审计委员会发布了一篇题为 Enhancing the Audit Committee Report: A Call to Action 的文章，呼吁审计委员会应重新评估其当前的披露情况并考虑增加披露，从而更有效地告知投资者和其他利益相关者他们做了哪些重要的工作。随后，美国证券交易委员会（United States Securities and Exchange Commission）主席 White 和总会计师 Beswick 均在公开演讲中表示，美国现有对于审计委员会的披露要求已无法满足投资者的需要，是时候做出改变。与此同时，其他利益相关者也表示需要额外和更有价值的审计委员会披露。因此，通过公开披露提高审计委员会监督过程的透明度①，可能是保证审计委员会独立性、向投资者和其他利益相关者传递其关键作用、证明其履职有效性的主要途径（Ernst & Young，2012，2015）。为回应这些呼吁，美国 SEC 于 2015 年发布了题为 *Possible Revisions to Audit Committee Disclosure* 的概念公告，以征求公众对审计委员会信息披露改革的意见或建议，以期给投资者和其他利益相关者提供审计委员会是否以及如何履责的信息。与此同时，其他国家和地区的监管机构和交易所也在积极寻求审计委员会透明度的改变：英国早在 2012 年就提出在年度报告中单独描述审计委员会的履职，并发布《审计委员会指引》提供披露指导；澳大利亚于 2014 年更新了公司治理准则，其中包括鼓励上市公司提供与审计委员会相关事项的解释说明；欧盟于 2014 年采用了新修订的《强制审计指南》（*Directive on Statutory Audits*），在该指南中增加了审计委员会的披露责任；新加坡交易所于 2015 年 2 月发布了一份披露指南，强调公司需要避免"样板"陈述并在披露中提供有意义的信息。

　　但是，这场关于审计委员会透明度的重大变革能否促进审计委员会履职的有效性还尚未有定论，通过公众对 SEC 概念公告的回复意见来看，该项监管改革的成本与收益引起了实务界的诸多争议。部分投资者、监管机构等认为：提高审计委员会的透明度，可以帮助投资者评估审计委员会的独立性和有效性，并对其独立性和有效性有更大的信心，这也将有助于促进资本市场的增强和良好运作（Ernst & Young，2015；KPMG，2015）；同时更多的信息披露要求也可能带来公司之间更加统一的报告，增加各审计委员会的履职信息的可比性，提高报告的实用性和信息价值（Deloitte and Touche，2015；Pricewaterhouse Coopers，2015）；以审计委员会履职信息为重点的披露可能会促使审计委员会根据披露要求重新审视自己的责任与绩效，提高其在履职过程中的怀疑态度以及对财务报告重要领域的关注度，降低公司财务报告的风险（FRC，2013）；同时审计委员会透明度的提升，将促进审计委员会对审计师的评估与监督，提高外部审计师独立性与胜任能力的可靠性，为审计质量和财务报告质量提供保障（Ernst & Young，2012）；此外，详细的审计委员会履职信息披露框架要求，除促进审计委员会实现职责目标外，严格的监督与披露相结合将有助于审计委员会加强对欠发达的公司的治

---

　　① 关于审计委员会透明度这一说法，从美国 SEC 的审计委员会披露概念框架以及英国审计委员会披露监管等实践来看，审计委员会透明度实质上体现的是审计委员会履职过程中的信息披露，如 SEC 在 *Possible Revisions to Audit Committee Disclosure* 的概念公告中指出，投资者和其他利益相关者要求提高审计委员会的透明度，委员会就审计委员会的报告要求寻求公众意见，重点是审计委员会对独立审计师监督活动的披露。

理，提高审计委员会的整体水平（Ernst & Young，2012）。然而，也有部分管理层、治理层等认为：审计委员会履职信息披露的增加，尤其是在审计师监督方面，可能容易受到投资者的质疑和潜在诉讼，从而导致诉讼成本增加，不仅如此，这些质疑和潜在诉讼会导致审计委员会为躲避信息披露而与审计师和管理层之间的信息自由流动的寒蝉效应，严重影响审计委员会和审计师履职（MasterCard，2015）；审计委员会有许多责任和有限的时间，审计委员会履职信息的披露，将会大大增加审计委员会成员在报告和披露事项上花费的额外时间，进而减少其正常的实质性监督职责的时间，使得审计委员会履职信息的披露以降低履职有效性为代价（Davis Polk，2015）；审计委员会履职信息披露的增加，将扩大审计委员会报告的篇幅和复杂程度，可能会导致信息过载、使投资者难以理解的信息泛滥成灾，或导致对投资者毫无用处的样板披露，这样只是增加了信息披露成本而并没有带来信息利益（SIFMA，2015）。

针对这一情况，学术界和一些国际公司与相关机构对审计委员会信息披露的变化进行了调查研究，发现越来越多的企业自愿提供当前要求之外的披露（CAQ & AA，2016；Ernst & Young，2012）。但是，对于自愿披露的信息含量看法并不一致，有观点认为目前审计委员会的自愿披露为利益相关者提供了更多有意义的信息，如审计师任期、审计委员会在任命外部审计师时的考虑因素、审计师的费用变化，并且能够通过这些自愿披露来减轻股东对审计师任期较长和审计费用总额较高的负面印象，降低股东在审计委员会董事提名时投反对票的可能性（Ye，2018），而且投资者和市场也对这些信息做出了积极反应（Bratten et al.，2018）。然而另一种观点认为，审计委员会自愿披露的更多的是一些样板文件，而关键的履职信息并没有增加，反而有减少的趋势（Draeger et al.，2018）。可见，虽然有越来越多的企业自愿提供更多的有关审计委员会的相关信息，但是由于受各种潜在因素（如自愿披露动机等）的影响，不同的审计委员会对于监督活动信息的披露方式、内容等方面各不相同，导致审计委员会报告的信息含量和有效性也存在巨大的差异。相同的是这些研究均传递出了一个信号，就是目前的审计委员会报告信息要求不足以满足利益相关者的需求，也不能支撑投资者客观地评价审计委员会的履职效率。就强制性信息披露而言，目前审计委员会对 SEC 的强制披露要求完成度较高，总体披露率超过了 96%（Draeger et al.，2018），那么若通过强制要求审计委员会披露履职信息来提高审计委员会的透明度，会带来什么样的影响，似乎鲜有文献对其进行讨论，因此有关审计委员会透明度改革的成本与收益仍然是一个经验问题。

基于此，本书以我国 A 股非金融类上市公司为研究对象，利用 2013 年上交所审计委员会信息强制披露要求的准自然实验，分别以会计信息质量、高管在职消费以及大股东掏空行为为主要切入点，考察提高审计委员会透明度带来的经济后果以及对审计委员会履职效率的影响。之所以以会计信息质量、高管在职消费和大股东掏空行为为主要切入点，是因为它们与审计委员会的主要监督职责与治理机制角色密切相关。首先，从审计委员会的起源与设立初衷来看，其核心职能在于参与并监督上市公司信息披露的过程，以更充分地保护公司股东和公众免受欺诈性披露的侵害。因此，如果提高审计委员会透明度后影响审计委员会的履职效率，其最直接的经济后果就是会计信息质量。其次，从审计委员会的属性来看，其本质是由股东选聘、代表股东利益，负责监督管理层的道德风险行为，缓解股东与经理人的信息不对称的治理机构（谢德仁，2005）。从上交所上市公司已披露的审计委员会履职情况报告信息来看，审计委员会不仅要对最终的财务报告进行监督，还要对财务预算报告、财务决算报告、资本构成信息、关联方清单及关联方交易等信息进行审议，由此审计委员会能够对反映管理层与大股东利益侵占的信息进行监督，进而抑制该行为。因此，提高审计委员会透明度产生的最显著的治理效应就是对股东与管理层、大股东与小股东之间代理成本的影响。由此，出现第一个有待检验的问题：审计委员会透明度的提高是否影响会计信息质量以及高管在职消费和大股东掏空行为的程度？以此提供有关审计委员会透明度的经济后果的初步证据。如果初步结果表明审计委员会透明度的提高与审计委员会的信息监督和治理效应正相关，则进一步检验审计委员会特征在其中发挥的作用，从而提供审计委员会特征要求是否有效以及审计委员会履职效率提升途径的相关证据。最后，如果经验证据支持提高履职信息透明度在审计委员会对会计信息质量和代理成本监督中的积极作用，则以企业价值来检验在审计委员会缓解信息不对称、降低代理成本后，提高审计委员会透明度对审计委员会履职的综合效应。

第二节　研究思路与结构框架

鉴于实务界针对审计委员会透明度改革的争议，本书从会计信息质量、高管在职消费、大股东掏空行为以及企业价值等角度，检验提高审计委员会透明度后对审计委员会财报监督和治理效应的影响。若审计委员会透明度与这些后果因素正相关，则说明透明度的提高促进了审计委员会的监督治理效应；反之，若无关或负相关，则证明透明度没有产生影响，甚至因为过多信息的披露阻碍了审计委员会的正常履职。

根据以上研究思路，全书的结构框架共包含八部分，具体章节安排如图 1-1 所示。

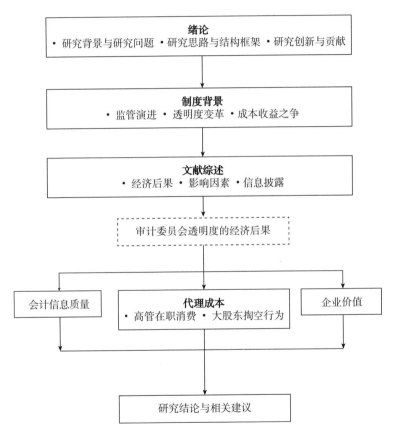

图 1-1 研究思路框架

资料来源：笔者自绘。

第一章为绪论。在介绍研究背景的基础上提出研究问题，并进一步阐明研究思路和全书的结构框架，最后论述本书的创新与可能的贡献。

第二章为制度背景。首先，对审计委员会的起源进行追踪，美国监管机构与证券交易所早在 20 世纪 30 年代就因财务造假事件开启了对审计委员会制度的探索历程，但初期并未考虑审计委员会的相关信息披露。其次，介绍美国审计委员会披露监管的发展。SEC 通过 1999 年的《S-K 规则》以及 2002 年的《SOX 法案》，完成了对审计委员会披露主要规则的变更，构成美国上市公司当前的审计委员会披露监管要求。再次，介绍我国审计委员会披露监管的发展。2007 年 12 月，中国证券监督管理委员会（以下简称"中国证监会"）发布了《公开发行证券的公司信息披露内容与格式准则第 2 号〈年度报告的内容与格式〉》（以下简称《年报准则》），首次要求上市公司在年度报告中披露审计委员会的履职情况汇总报告，主要是针对审计委员会职责要求完成情况的概括性披露。最后，介绍当前美国对于审计委员会透明度的改革与讨论，梳理 SEC 在审计委员会披露修订概念公告中提出的问题以及相关的意见回复，并基于上交所 2013 年发布的《上海证券交易所上市公司董事会审计委员会运作指引》，介绍本书的政策背景。

第三章为文献综述。总体上国内外的审计委员会研究热潮均始于与审计委员会相关的监管改革，并沿着审计委员会的经济后果与履职效率的影响因素两大主题展开。近期，因利益相关者对于审计委员会履职信息需求的呼吁，审计委员会信息披露问题引起了各界的关注。首先，在对审计委员会经济后果的讨论中形成了有效论和无效论两种观点。有效论认为，审计委员会在提高财务报告质量、完善公司治理方面发挥了积极主动的监督作用，如提高了财务报告生成与披露的信息质量、增强了内部控制完善与有效性、保证了外部审计师的独立判断、降低了公司与投资者之间的信息不对称与代理成本等。然而无效论认为，审计委员会似乎只是形式上的监督机构，象征性地履行了合规行为，在某种程度上是没有发挥实质作用的。其次，对于审计委员会履职效率的影响因素，相关文献多集中于审计委员会的特征属性方面，如审计委员会独立性、专业性、勤勉度等因素对审计委员会履职效率的积极影响。然而随着研究的深入和数据可获取性的增强，有学者逐渐挖掘出这些特征背后隐藏的一些现象，因此也得出了与早期研究不同的结论，同时也挖掘出了更多的影响因素，如薪酬激励机制、外部会计与审计监管的变化以及市场发展等内外部环境因素的影响。再次，对于审计委员会信息披露的研究，基于当前企业自愿披露额外信息的趋势，逐渐有文献对其自愿披露的信息含量进行了分析，但也形成了有效和无效两种观点，而且对于强制披露履职信息的影响缺乏相应的实证检验。最后，通过对已有文献的述评分析，引出本书的研究方向。

第四章为审计委员会透明度与会计信息质量。根据已有的理论与文献，对审计委员会透明度与会计信息质量的关系提出假设，利用上交所信息披露政策这一外生冲击作为准自然实验进行检验，进一步对检验方法（DID+PSM）和样本处理过程进行详细描述，在此基础上确定双重差分回归模型。实证结果表明，审计委员会透明度的提高显著提升了企业会计信息质量，且该效应在错报风险和代理成本较高的公司中更加显著。这说明审计委员会透明度的提高，能够对审计委员会的监督效果产生积极作用，尤其是在公司治理机制不完善的情况下。进一步地，通过对审计委员会特征作用的检验发现，在提高审计委员会透明度后审计委员会特征与会计信息质量的关联度更强，在一定程度上说明透明度的提高促进了审计委员会成员特征能力实质作用的发挥，从而增强了对会计信息质量的监督效果。在经过平行趋势检验和一系列稳健性检验后，研究结论依然稳健，支持了审计委员会透明度对财务信息监督职责有积极作用的研究假设。

第五章为审计委员会透明度与高管在职消费。同样，根据已有的理论与文献，对审计委员会透明度与高管在职消费的关系提出假设，并对检验方法（DID+PSM）、样本处理过程以及指标衡量进行详细描述，在此基础上确定双重差分回归模型。实证结果表明，审计委员会透明度的提高显著降低了高管在职消费水平，且该效应在内外部治理环境相对薄弱的公司中更加显著。这说明审计委员会透明度的提高，能够对审计委员会的治理效应产生积极作用，降低股东与管理层之间的代理成本，尤其是在治理机制不完善的情况下。进一步地，通过对审计委员会特征作用的检验发现，在提高审计委员会透明度后审计委员会特征与高管在职消费抑制的关联度更强，在一定程度上说明透明度的提高促进了审计委员会成员特征能力从形式转化为实质，从而支撑了审计委员会的治理作用。在经过平行趋势检验和一系列稳健性检验后，研究结论依然稳健，支持了审计委员会透明度对降低股东与管理层代理成本中有积极作用的研究假设。

第六章为审计委员会透明度与大股东掏空行为。同样，根据已有的理论与文献，对审计委员会透明度与大股东掏空行为的关系提出假设，并对检验方法（DID+PSM）、样本处理过程以及指标衡量进行详细描述，在此基础上确定双重差分回归模型。实证结果表明，审计委员会透明度的提高显著降低了大股东掏空程度，且该效应在大股东掏空动机更强、掏空机会更多的公司中更为显著。这说明审计委员会透明度的提高，能够对审计委员会的治理效应产生积极作用，从而降低大股东与中小股东之间的代理成本，尤其是在治理机制不完善的情况下。进一步地，通过对审计委员会特征作用的检验发现，在提高审计委员会透明度后审计委员会特征与大股东掏空抑制的关联度更强，在一定程度上说明透明度的提高促进了审计委员会成员特征能力从形式转化为实质，支撑审计委员会的治理作用。在经过平行趋势检验和一系列稳健性检验后，研究结论依然稳健，支持了审计委员会透明度对保护中小投资者利益有积极作用的研究假设。

第七章为审计委员会透明度与企业价值。如果第四章至第六章的实证结果均支持了审计委员会透明度对审计委员会监督和治理效用的积极作用，那么这种强制性信息披露的增强是否会产生积极的综合效应？为此，本章以企业价值为研究目标实证研究表明：审计委员会透明度的提高显著提升了企业价值，且该效应在内部治理水平和外部市场化程度相对较低的公司中更加显著。这说明审计委员会透明度的提高，能够在成本与收益的平衡中对审计委员会的履职效率产生积极的综合效应，尤其是在治理机制不完善的情况下。进一步地，通过对审计委员会特征作用的检验发现，在提高审计委员会透明度后审计委员会特征与企业价值的关联度更强，在一定程度上说明透明度的提高促进了审计委员会成员特征能力实质作用的发挥，从而增强了审计委员会的履职效果。在经过平行趋势检验和一系列稳健性检验后，研究结论依然稳健，支持了审计委员会透明度对履职效率带来整体上的正向影响的研究假设。

第八章为研究结论与相关建议。本章对全书进行了总结，提出了审计委员会信息披露方面的相关建议，并指出了研究局限性和未来的研究方向。

第三节　研究创新与贡献

本书的主要创新与贡献在于：

首先，从收益视角为当前的审计委员会信息披露改革提供了支持性的经验证据。目前，包括美国在内的诸多国家都在尝试推动审计委员会信息强制披露的改革，尽管有支持改革的意见认为，提高审计委员会透明度能够通过外部的监督更好地促进审计委员会有效履职（Ernst & Young，2012；KPMG，2015），但这一举措受到了实务界不少人员的反对，他们认为披露更多的履职信息牵绊了他们的行为，导致其监管活动无法正常进行（MasterCard，2015；Davis Polk，2015）。在监管机构提出这一信息披露监管改革之后，逐渐有学者、一些国际公司和相关机构对审计委员会信息披露的变化进行了调查研究，发现越来越多的企业自愿提供当前要求之外的额外披露（Ernst & Young，2015；CAQ & AA，2016）。但是，对自愿披露的信息含量的看法并不一致，有观点认为，目前审计委员会的自愿披露为利益相关者提供了更多有意义的信息（Ye，2018），而且投资者和市场也对这些信息做出了积极反应（Bratten et al.，2018）。然而另一种观点认为，审计委员会自愿披露的更多的是一些样板文件，而履职关键信息并没有增加，反而有减少的趋势（Draeger et al.，2018）。可见，由于受各种潜在因素（如自愿披露动机等）的影响，审计委员会对监督活动信息的披露方式、内容等方面的要求各不相同，导致了审计委员会报告的自愿披露信息含量和有效性也存在巨大差异。不仅如此，这些研究也多是基于目前企业自愿的额外披露，讨论了其披露动机以及有效性，然而针对审计委员会信息强制披露改革的成本与收益之争，始终缺乏经验证据的支持。本书基于我国上交所出台的强制披露要求，从会计信息质量、代理成本、企业价值等角度实证检验了审计委员会信息披露变化对审计委员会的监督与治理效应带来的影响，研究发现，审计委员会透明度的提高能够增强会计信息质量、降低管理层与股东以及大股东与中小股东之间的代理成本，并提高企业价值，与此同时通过对其特征的相关检验进一步证明了履职信息披露对审计委员固有特征实质性发挥的促进作用。上述结论有助于缓解当前改革中的争议，在一定程度上说明了增加强制性审计委员会报告的要求可能是有必要的，对我国和其他国家的审计委员会监管政策制定具有一定的参考价值。

其次，本书丰富了有关审计委员会履职效率影响因素的相关文献，补充了审计委员会透明度方面研究的不足。通过梳理现有关于影响审计委员会履职效率的研究脉络可以看到，相关文献多集中于审计委员会的特征属性方面，如审计委员会独立性、专业性、勤勉度等因素对审计委员会履职效率的积极影响（DeFond et al.，2005；Lennox and Park，2007；Kim and Klein，2017）。虽然随着研究的深入和数据可获取性的增强，有学者逐渐挖掘出了这些特征背后隐藏的一些现象，也得出了与早期研究不同的结论，同时也挖掘出了更多的影响因素，如薪酬激励机制、外部会计与审计监管的变化以及市场发展等内外部环境因素的影响（Magilke et al.，2009；Agoglia et al.，2011；Kang et al.，2015；刘彬，2014）。但审计委员会透明度的变化会对审计委员会履职效果产生何种影响，鲜有文献进行讨论。国际会计师联合会（International Federation of Accountants，IFAC）在2019年发布的报告中表示，提高审计委员会履职效率至关重要的是增加审计委员会履行职责的透明度，使利益相关者能够明智地评估其绩效，从而推动审计委员会的有效履职。本书则利用外部监管政策的变化，从会计信息质量、代理成本、企业价值等角度实证检验了审计委员会透明度的变化对审计委员会的监督与治理效应带来的影响，拓展了审计委员会履职效率影响因素的相关研究。

再次，本书的研究结论扩展并丰富了国内有关审计委员会经济后果的研究。自1999年美国蓝带委员会以及2002年《SOX法案》对审计委员会的财务报告和外部审计监督职责进行强调和完善后，国外的研究主要围绕着审计委员会对财务报告质量，如盈余管理、财务重述、定性文本质量、内控质量，以及外部审计而展开（Dhaliwal et al.，2010；Schmidt and Wilkins 2013；Lee and Park，2019；Krishnan，2005；Goh，2009；Abbott et al.，2003；Carcello and Neal，2003；Naiker et al.，2013）。然而国内在2002年发布的《上市公司治理准则》对审计委员会的主要职责进行界定后，也沿袭了这一系列研究（谌嘉席和王立彦，2012）。总体而言，缺乏审计委员会如何在降低企业治理成本中发挥作用的经验证据。如谢德仁（2005）所言，审计委员会的本原性质在于，它是现代企业治理结构的一部分，代表股东利益负责监督管理层，并确保外部审计师对管理层的独立性，从而降低公司治理成本。本书正是对此的有益补充与拓展，从高管在职消费和大股东掏空行为视角，验证了审计委员会在缓解公司内外部信息不对称以降低股东与管理层代理成本、保护中小投资者利益方面的治理效应，并从企业价值角度综合考虑提高审计委员会透明度后为审计委员会作用发挥带来的影响，拓展了审计委员会经济后果相关领域的研究。

最后，本书基于外生冲击事件的准自然实验研究，在一定程度上缓解了现有审计委员会研究中存在的内生性问题。在关于审计委员会与财务报告质量、外部审计质量等经济后果之间联系的实证研究中，一个主要的难点在于审计委员会内生性（Chang et al.，2017）：第一，审计委员会作为公司的内部治理机制，其组成结构与性质可能是内生决定的，尤其是与事前治理环境相似的公司可能会选择相似的审计委员会成员以及业务实践（Dharwadkar et al.，2020），因此关联或非关联结果可能受到反向因果关系的影响，这也可能是已有文献对于审计委员会有效性等的研究得出混杂结论的原因（Kim and Klein，2017）。第二，已有的关于审计委员会报告的研究，多是依赖于相对较小的随机选择的审计委员会样本，且代表在SEC披露要求或《SOX法案》生效后一年的自愿披露横截面分析（Draeger et al.，2018），相关结论可能会受到样本选择偏误的影响。第三，微观个体的不可观测异质性（如偏好、能力）、宏观经济运行趋势等也会影响审计委员会履职效果，这些遗漏变量会导致模型的估计产生偏误。本书利用上交所发布强制信息披露要求这一外生事件，采用大样本分析，并基于双重差分模型，较好地分离了事件组和对照组在政策前后变化的差异，从而有效地避免了互为因果、样本选择、遗漏变量的内生性问题，为审计委员会的相关研究提供了方法上的借鉴。

第二章　制度背景

第一节　审计委员会的起源

1938 年，McKesson & Robbins 的财务造假事件震惊了审计界，成为 20 世纪主要的金融丑闻之一。为加强审计师的独立性、保证审计质量，纽约证券交易所（NYSE）在针对该案件的报告中提出，在切实可行的情况下，由外部董事组成的董事会特别委员会来选择审计师似乎是可取的，首度认可了审计委员会的概念。随后，作为对 McKesson & Robbins 案件调查的回应，SEC 于 1940 年在 *Accounting Series Release* No. 19 中建议上市公司成立审计委员会，并在该公告中表明，为了确保审计师的独立性，应从外部董事会成员中选择并组成一个特别委员会，负责审计师的提名与任命、协商上市公司财务审计相关事宜，但此时该建议并未在公司中获得响应。20 世纪 70 年代初，Penn Central 的倒塌使董事会对公司的职责重新得到了认识，其独立性的需求也引起了众多关注，在这之后 SEC 多次在 *Accounting Series Release* 中重申其关于上市公司成立审计委员会的建议，美国注册会计师协会（AICPA）亦发表声明支持建立审计委员会制度，强调审计委员会的独立性需求，确保审计委员会参与并监督上市公司信息披露的过程，以更为充分地保护公司股东和公众免受欺诈性披露的侵害。自此，美国开启了审计委员会制度的探索历程。

随着审计委员会的概念被广泛接受，下一个要面对的问题是审计委员会职责的定义。1977 年在 Killearn 案件中，作为同意判决的一部分，SEC 概述了其有关建立审计委员会的指令，并明确指出该委员会的职责包括：①审核审计师的审计安排与范围，以及审计费用；②与审计师和公司的首席财务官审查公司的财务内部控制；③与审计师复核审计结果（包括审计报告、审计师对公司财务和会计人员的看法、审计委员会获取的合作、提高审计效率的程序、重大异常交易、会计原则变化、审计员提议的重大调整、审计师关于内部会计控制的建议等内容）；④对违反公司准则的行为进行调查，并定期检查该准则；⑤每年至少与公司的财务和会计人员召开两次会议，以审查内部会计和审计程序；⑥向董事会提供留任或解聘审计师的建议；⑦审核所有公开披露的财务信息；⑧审查公司管理人员和董事的活动。此外，审计委员会还将被授权进行与其履职有关的调查，并批准涉及公司管理人员的诉讼，这为审计委员会制度提供了初步的职责框架。

1977 年，纽约证券交易所通过了一项新规定，要求所有上市公司必须设立审计委员会。具体地，该规定指出：作为在纽约证券交易所上市并继续在该证券交易所交易的条件，上市公司应于 1978 年 6 月 30 日之前成立审计委员会并维持该组织机构，审计委员会应仅由公司董事组成，独立于管理层，且不存在任何可能干扰委员会成员执行独立判断的关系；隶属于公司的董事、公司或其子公司的管理人员或雇员不能成为审计委员会成员。由此，审计委员会成为在纽约证券交易所上市的所有公司的必要组织，初步实现了审计委员会制度的建立。之后，AICPA 于 1988 年发布了 SAS 61 *Communication with Audit Committees*，要求外部审计师与审计委员会之间，就重大审计调整、与管理层的分歧、在执行审计过程中遇到的困难及其他与审计相关事项进行沟通，解决了审计委员会职责范围内关乎审计质量的沟通问题。审计委员会的角色受到了越来越多的关注，其职能效果也被赋予了较高的预期，但此时各监管机构并未考虑到审计委员会的相关信息披露。

第二节　美国审计委员会披露监管的发展

一、1999 年《S-K 规则》

公司财务欺诈、法律诉讼案件的增加，引起了投资者对上市公司财务报告信息的极度不信任。当前人们对财务报告的担忧主要是由于人们认为公司需要不断"创造利润"，以达到或超过分析师的预期。基于这种推动，再加上财务报告的产生并非一门精确的科学，如公认会计原则（GAAP）留下了广泛的自由裁量权，使公司管理人员可以在生成财务报告时对信息内容和方式做出选择。尽管这些可能不会违反会计准则，但在某些情况下，它们可能会掩盖公司的真实状况，而当盈余管理被滥用于掩盖公司的实际情况时，盈余管理就越过界限变为操纵甚至欺诈。1998 年 9 月，SEC 主席 Levitt 在名为 *Numbers Game* 的演讲中描述最近读到一家美国大型公司的新闻，该公司因"一分钱"之差未能达到所谓的"数字"预期，导致该公司的股价在一天之内下跌了 6%。Levitt 指出，公司试图达到或超过华尔街分析师的盈余预测，以增加股票市值，而分析师则在公司的持续"指引"下构筑这些预期。金融界几乎每个人都在营造一种氛围，在这种氛围中，盈余管理在不断增加，财务报告的质量在不断下降，而想要留住客户的审计师承受着压力，但并不能阻止这种行为。多年来，这一过程已经演变成市场参与者之间典型的"数字游戏"。

审计委员会制度自成立以后，其在审查公司财务内部控制、加强外部审计独立性、提高审计和财务报告质量方面的职能被赋予了较高的预期。美国的一些监管机构和重要组织为了强化审计委员会概念并促进其有效性也做了不懈的努力。但 Levitt 在演讲中指出，审计委员会的成员缺乏财务报告基本原则方面的专业知识，也缺乏提出探究性问题的授权，这样的现象比比皆是。事实上，有些审计委员会可能每年仅在例行董事会会议之前召开两次会议，每次会议时长 15 分钟，其会议内容仅限于敷衍了事的陈述。针对这一现象，Levitt 建议组建小组检查审计委员会在公司治理中的效用。作为回应，纽约证券交易所（NYSE）和全国证券交易商协会（NASD）成立了"蓝带委员会"（Blue Ribbon Committee，BRC），并于 1999 年 2 月发布了《蓝带委员会关于提高审计委员会效果的报告和建议》，以加强审计委员会在监督公司财务报告过程中的作用。该报告中的十项建议大致分为四类：①加强审计委员会的独立性和专业素养；②建立书面章程，详细说明审计委员会的职责范围与执行方式，促进审计委员会的运作效率；③公开披露审计委员会章程，以及审计委员会是否履行了章程规定的职责；④改善审计委员会、外部审计师与管理层之间的沟通和问责机制。

基于蓝带委员会关于提高审计委员会效果的建议，为改善审计委员会职能的相关披露，SEC 在《S-K 规则》中增加与修正了关于审计委员会的条款，要求公司在其委托书中包含有关其审计委员会的某些披露，以及来自审计委员会的包含某些披露的报告，主要的监管内容包括以下四点：

第一，说明企业是否有审计委员会章程，若有，须说明在哪里可找到当前版本的章程或在委托书中以附件的形式列示，且该章程至少每 3 年更新一次并在委托书中列示，但若自上一财年初章程进行了大幅修改则披露时间应更早。

第二，审计委员会成员组成和审计委员会成员是否独立，若上市公司的董事会决定任命一名不满足独立性要求的董事进入审计委员会，则需要披露导致不满足独立性条件的关系的性质，以及董事会做此决策的原因。

第三，上一财年内审计委员会会议召开次数，以及参会人员。

第四，审计委员会必须声明以下内容：①审计委员会已审查并与管理层讨论了经审计的财务报告；②审计委员会已与独立的审计师讨论了审计准则要求讨论的内容；③审计委员会已收到审计师根据独立性沟通要求所做出的书面披露和信函，并与审计师讨论了审计师的独立性；④在已完成以上审查和讨论工作后，审计委员会向董事会建议经审计的财务报告可付诸提交。

蓝带委员会关于改善审计委员会有效性的报告，使审计委员会的作用得到了空前的发展，SEC 随之通过对《S-K 规则》的修订，完成了对审计委员会披露的主要规则的变更。然而，从具体的监管内容中可以看出，此时对审计委员会的披露要求主要集中在审计委员会成员组成与独立性、会议次数与参会人员等基础信息，以及审计委员会职责章程与是否完成章程规定职责的概括性活动信息。

二、2002 年《SOX 法案》

2001 年 12 月，美国最大的能源公司——安然公司，突然申请破产保护，此后，美国公司的会计丑闻不断，规模也"屡创新高"，特别是 2002 年 6 月的世界通信会计丑闻事件，给投资者造成了数十亿美元的损失，备受瞩目的欺诈行为也彻底打击了美国投资者对美国资本市场的信心，导致许多人要求全面改革已有数十年历史的监管标准。为了改变这一局面，美国国会和政府加速通过了《SOX 法案》，旨在通过对美国上市公司管理层、会计师事务所制定严格的规则和惩罚制度，保证财务信息披露的准确性与可靠性，以保护投资者免遭公司欺诈性财务报告的侵害。此外，该法案特别强调了公司董事会的监督治理作用，通过加强董事会的独立性和专业知识，建立更强大的董事会来帮助企业改善财务管理，监督管理层行为和外部审计师的审计过程。

在这之中，《SOX 法案》尤其强调了审计委员会在约束经理人、提高外部审计独立性方面的突出作用，它对审计委员会的定义（SOX 2）、审计委员会的构成（包括职责、成员独立性、投诉接收程序、聘请顾问、经费等）（SOX 301）做出了明确界定，并进一步强调和明确了审计委员会成员的财务专长（SOX 407），希望审计委员会能够进行有效监督以保证公司财务报告的完整性和可靠性。此外，在审计委员会对审计师的监督与沟通方面，《SOX 法案》进一步规定了审计委员会对审计服务的预审工作，以及审计师向审计委员会的报告内容，加强审计委员会对审计和财务报告质量的监督效用。

以此为契机，SEC 于 2003 年前后更新了与审计委员会披露相关的规则，主要包含以下两个方面：

第一，披露审计委员会成员的财务专长。SOX 407 中清晰界定了审计委员会财务专长需满足的条件，该成员是否有作为注册会计师、审计师、首席财务官、审计长、首席会计主管或履行类似职能职位的教育和经验，具体包括：①对会计准则和财务报表的理解；②具有编制或审计财务报表，将此类准则应用于估值、应计和准备金核算的经验；③内部会计控制经验；④了解审计委员会的职能。与之对应，SEC 在原《S-K 规则》407-d 第 1 条至第 4 条的基础上增加了一条：企业应披露审计委员会中是否至少有 1 名财务专长的成员。如果仅有 1 名，则必须披露该成员的名字并说明该成员是否独立；如果有多名，可（不是必须）全部披露这些成员的名字，但只要披露名字则必须说明他们是否独立；如果没有，则必须解释为何没有设定财务专长成员。

第二，披露审计委员会的预审政策与程序。SOX 202 要求审计委员会负责预审独立审计师提供的任何审计服务和可允许的非审计服务，除非该非审计服务的费用不超过企业当年支付的审计费用总额的 5%，而且审计委员会预审通过的非审计服务必须要在定期报告中披露。与之对应，SEC 于 2003 年更新了其规则，要求公司在 Proxy Statement 中披露审计委员会预审的政策与程序，具体为：①披露审计委员会对审计师的审计和非审计服务的预审政策与程序；②披露审计委员会批准的非审计服务费用占当年公司向审计师支付的总收入的百分比。

美国国会通过将审计委员会制度纳入《SOX 法案》，赋予了审计委员会更高的地位，借此契机，SEC 在之前审计委员会监管的基础上进一步强调了审计委员会对非审计服务的预审工作与披露，以及审计委员会的财务专长与披露，但与 1999 年的《S-K 规则》没有产生实质性差异。以上两个阶段的规则基本构成了美国上市公司当前的审计委员会披露监管要求，具体呈现两个方面的特点：第一，基本信息的披露要求，如审计委员会构成、职责、章程、开会次数等，都有涉及，但分散在不同地方。第二，虽然有与履职相关的披露要求，但未涉及更关键的具体信息。如虽然要求审计委员会声明其履行了哪些职责，但并不清楚在履职过程中具体是如何做的、遇到的问题、最终的结果如何；虽然要求公司向股东会提供外部审计选聘、续聘、辞聘等相关信息，但并未要求提供审计委员会的决策标准和程序。因此，总体而言，在当前披露模式下能提供的审计委员会工作的相关信息十分有限。

第三节　中国审计委员会披露监管的发展

一、2007 年《年报准则》

1997 年，琼民源虚构利润 5.4 亿元、虚增资本公积 6.57 亿元，中华会计师事务所因此被停业整顿；1998 年，红光实业虚增利润 1.57 亿元后公开募集资金 4.1 亿元，蜀都会计师事务所因该欺诈上市案件被暂停执行证券业务三年；1999 年，东方锅炉虚增利润 1.23 亿元、公司董事倒卖股票甚至侵吞广告费牟利 540 余万元，四川会计师事务所被暂停从事证券业务三年；2001 年，银广夏虚增利润 7.72 亿元，中天勤会计师事务所因此被吊销执业资格；2002 年，蓝田股份虚增利润近 5 亿元，华伦会计师事务所对 540 余万元的赔偿承担连带责任等，这一系列连年爆发的财务欺诈、审计失败案件，引起了投资者对资本市场的强烈质疑和高度警惕，资本市场正经历一场重大的"诚信危机"。更引人深思的是，这其中许多案件是由新闻界揭露曝光的，而不是由熟悉企业的内部审计、具备专业知识的审计师发现的。长期以来，我国的内部审计和外部审计聘任制度存在缺陷，内部审计部门和会计师事务所的聘任权力常常掌握在管理层手中，严重危及了公司内部审计、外部审计师的独立性，限制了其监督作用的发挥，助长了财务欺诈的盛行。我国内部审计、外部审计师审计的现状，以及英国、美国等国家日渐成熟的审计委员会实践表明，在公司设立审计委员会是十分必要的。

在此背景下，为完善我国上市公司治理机制，规范上市公司运作，以强化公司内部审计的审查和评价作用、提高外部审计师的独立性、保证公司财务报告的真实性与准确性，中国证监会于 2002 年与国家经济贸易委员会联合发布了《上市公司治理准则》，其中专门就审计委员会做出了具体规定。该准则规定，上市公司董事会可以按照股东大会的决议设立审计委员会，要求包括审计委员会在内的各专业委员会中独立董事应占多数并担任召集人，且审计委员会中至少应有一名独立董事是会计专业人士。明确审计委员会的主要职责为：①提议聘请或更换外部审计机构；②监督公司的内部审计制度及其实施；③负责内部审计与外部审计之间的沟通；④审核公司的财务信息及其披露；⑤审查公司的内控制度。这标志着我国正式引入审计委员会制度，建立和推行审计委员会制度已是大势所趋，成为我国公司治理结构中的一个重要组成部分，但此时并未涉及审计委员会披露的相关规定。

2007年12月，中国证监会发布了《年报准则》，首次要求上市公司在年度报告中披露董事会下设的审计委员会的履职情况汇总报告，具体披露内容包括：①审计委员会对公司财务报告的两次审议意见；②对会计师事务所审计工作的督促情况；③向董事会提交的会计师事务所从事上年度公司审计工作的总结报告；④对下年度续聘或改聘会计师事务所的决议。这一披露要求无疑对审计委员会制度建设有着非常积极的作用，为投资者了解上市公司审计委员会的履职情况提供了有效途径，但从披露内容中可以看出此时就审计委员会相关信息的披露很宽泛，可获取的信息较为有限。

二、独立董事披露要求

由于我国《上市公司治理准则》要求审计委员会中的独立董事人数应占半数以上，所以关于独立董事述职报告的规范文件同样适用于审计委员会的独立董事。为防止独立董事与大股东或管理层合谋侵害中小投资者的利益，促进独立董事忠实、勤勉地履职，实现独立董事客观判断、规范公司运作的效用，监管机构逐步建立对独立董事的约束制度、推动独立董事相关的信息披露。具有代表性的是深圳证券交易所（以下简称"深交所"）和上交所分别发布的规范文件。

（一）深交所的规定

深交所在2010年发布的《深圳证券交易所主板上市公司规范运作指引》和《深圳证券交易所中小企业板上市公司规范运作指引》中规定了独立董事特别行为规范，要求独立董事应向上市公司年度股东大会提交述职报告并披露。其内容应包括：①全年出席董事会的方式、次数及投票情况，列席股东大会的次数；②发表独立意见的情况；③提议召开董事会、提议聘用或解聘会计师事务所、独立聘请外部独立审计机构和咨询机构、进行现场了解和检查情况等；④保护中小股东合法权益方面所做的其他工作。

（二）上交所的规定

上交所在 2012 年发布的《上市公司定期报告工作备忘录第 5 号——独立董事年度报告期间工作指引》规定，独立董事有认真编制和披露其年度述职报告的责任，同时提供了《独立董事年度述职报告格式指引》。该格式指引要求述职报告应包括四方面内容：①独立董事的基本情况。介绍个人工作履历、专业背景以及兼职情况，并就是否存在影响独立性的情况进行说明。②独立董事年度履职概况。说明本年度出席董事会和股东大会的情况、相关决议及表决结果、现场考察、上市公司配合独立董事工作的情况等。③独立董事年度履职重点关注事项的情况。独立董事对年度履职时重点关注的事项，应当充分说明相关的决策、执行以及披露情况，对相关事项是否合法合规做出独立明确的判断，尤其是应当说明上市公司规范运作方面的重大风险事项。④总体评价和建议，即对自己是否忠实勤勉履职做出总体评价，并可提出独立董事下一年度改进相关工作的建议。

上交所该规定相比于中国证监会《年报准则》、深交所《独立董事年度述职报告格式指引》中的规定，进一步要求独立董事提供个人背景以及独立性影响的说明，其中最关键的在于要求独立董事披露履职过程中重点关注的事项及其决策、执行与披露情况。但这规定是针对独立董事而非审计委员会的披露要求，因而决定了最终的披露信息在内部审计制度的实施与指导、内部审计与管理层同外部审计师的沟通、内部控制制度的评价与监督、财务报告的编制与披露等方面出现不细致、不深入的情形，仍不能向投资者呈现审计委员会主要职责的履行情况。

截至目前，我国关于审计委员会披露的监管主要有三个特点：第一，各监管部门没有专门针对审计委员会的披露规定，相关的披露要求分散在年度报告披露、独立董事述职报告等不同地方，因此审计委员会信息披露的针对性与全面性不足；第二，对董事会的披露是以独立董事而非专业委员会为对象，因此即使在独立董事述职报告中披露了独立董事履职的各重点关注事项，也很难清晰地了解审计委员会所做的具体工作及监督情况；第三，对审计委员会的履职情况仍是高度概括性的，缺乏对具体问题及其处理过程和结果的详细介绍。

第四节 审计委员会透明度的改革与讨论

一、SEC 概念公告内容

审计委员会通过履行其监督公司会计信息完整性、财务报告流程以及内外部审计的责任，在保护投资者利益方面发挥着重要作用，自其成立以来便被赋予较高的期望，审计委员会的建立与完善也一直受到各监管机构的支持。然而，层出不穷的财务舞弊事件引起了公众对审计委员会履职有效性的深度质疑。美国对审计委员会披露的监管要求集中在 SEC 于 1999 年通过的《S-K 规则》中的 407 条款，自此审计委员会的披露要求未曾发生实质性的变化（SEC，2015）。虽然目前的审计委员会报告要求提供了有关审计委员会监督的信息，但这些披露并未描述审计委员会如何履行其职责，履职信息的不可获取性进一步加剧了投资者与审计委员会之间的信任危机（Ernst & Young，2012）。2013 年，美国审计委员会联合会发布了一篇题为 Enhancing the Audit Committee Report: A Call to Action 的文章，指出审计委员会角色和履职的透明度是增强投资者信心的重要方式，呼吁审计委员会应重新评估其当前的披露情况并考虑增加披露，从而更有效地告知投资者和其他利益相关者他们做了哪些重要的工作。随后，SEC 总会计师 Beswick 支持了这一呼吁，表示审计委员会应进一步考虑对股东和外部投资者决策有用的履职信息的披露。2014 年，美国证券交易委员会（United States Securities and Exchange Commission）主席 White 在公开演讲中讲述"披露有效性"时提出，对审计委员会的报告要求多年来没有发生太大变化，已无法满足投资者的需要，是时候对其监管规则做出改变了。与此同时，美国利益相关者也表示需要额外和更有价值的审计委员会披露（Ernst & Young，2012；Tapestry Networks，2013）。不仅如此，在审计质量中心（Center for Audit Quality，CAQ）发布的《2018 审计委员会透明度晴雨表》的年度报告，以及安永会计师事务所（EY）关于上市公司审计委员会的分析报告显示，越来越多的公司围绕审计委员会监督角色提供了更多有意义的信息，来应对不断变化的市场需求、缓解公众对他们的信任危机。

为回应这些要求和趋势，SEC 于 2015 年发布了题为 Possible Revisions to Audit Committee Disclosure 的概念公告，就审计委员会报告的监管要求广泛征求公众意见，以期提高审计委员会履职过程的信息透明度。虽然该公告的重点是针对审计委员会对独立审计师监督的责任和活动的信息披露，但也接受评论者就审计委员会披露的其他方面提供意见，如角色和职责、审计委员会资格、财务报告监督或内部控制监督相关的意见。该公告共列示了74条需征求意见的问题，大致可分为以下三大部分：

1. 关于改革的必要性、全面性、困难性问题（第1~6条）

任何改革都是有成本的，尤其是在美国，它是不同利益相关主体反复较量与博弈的结果。因此，征求意见稿的第一个问题是要不要改革。其中，具有代表性的问题包括：①现有的关于审计委员会的披露要求能为投资者提供有用的信息吗？为什么？哪些须修正？哪些须再议？哪些须删除？改变或增加这些披露要求有助于投资者了解审计委员会在监督外部审计师及其审计过程中所做的工作吗？②投资者在多大程度上认为提供更多审计委员会履职的信息有助于其决策？审计委员会是否应披露在其他领域的工作信息，如对财务报告流程或内部审计职能的监督？哪些信息是特别有用的？③如果要修正披露规则，SEC须考虑企业和审计委员会可能面临的哪些挑战？

2. 审计委员会在履行与外部审计相关的职责时的披露问题（第7~54条）

（1）审计委员会对会计师事务所和外部审计师的监督。第一，更多关于审计委员会与外部审计师沟通内容的信息（第7~17条）。美国当前的审计准则规定审计委员会应与会计师事务所（外部审计师）进行沟通，公众公司会计监督委员会（PCAOB）要求审计师在出具审计意见前应与审计委员会沟通。目前的披露规则只限于是否或者何时进行了沟通，而没有涉及沟通的内容，但后者的信息量是最大的。通过披露沟通内容可了解审计师的整体审计策略、审计时间的安排、重大风险的识别、审计中所使用的专业知识与技能、使用其他会计师事务所或其他外部专家工作的情况、对内部审计工作结果的采纳、审计结果等。第二，审计委员会与审计师的会面信息（第18~19条）。现有规则已要求披露审计委员会会议的次数，如果进一步提供审计委员会与审计师开会或讨论的特定信息，甚至是私下会面的频率，可能有助于公众评估审计委员会对审计师监督的工作情况。第三，审计委员会对会计师事务所内部质量评审和PCAOB检查报告的讨论信息（第20~23条）。根据当前的上市规则，对于适用规则的企业，其审计委员会必须获得并评阅会计师事务所对自身内部质量控制情况进行说明的文件。文件的内容包括对内部质量控制情况的概述、在最近的内部质量控制同行评议中发现的重大问题、在过去 5 年内政府部门或职业机构对事务所的质询或调查等。审计委员会对这些文件的讨论信息是否需要披露？第四，审计委员会是否以及如何评估、推动、强化审计师的客观性和职业怀疑（第 24~25 条）。作为监督审计师的主要工作内容，审计委员会是否须披露对审计师客观性和职业怀疑的评估结果、改进与强化措施等？

（2）审计委员会选聘和续聘会计师事务所的过程。第一，审计委员会如何评估审计师的独立性、客观性和审计质量，如何判断是否选聘或续聘该会计师事务所（第 26~28 条）。审计委员会评估审计师资格、批准非审计服务、确定审计费用等事项的程序有哪些？判断标准和考虑的关键因素有哪些？最终的结论是什么？第二，收集会计师事务所竞标书的程序和筛选标准（第 29~30 条）。审计委员会在选聘会计师事务所时，其招标的程序与流程有哪些？筛选标书的标准和考虑的因素是什么？第三，年度股东投票表决会计师事务所选择的董事会政策，以及审计委员会在评估和选择审计事务所时对投票结果的考虑（第 31~33 条）。是否披露有关股东投票选择的政策？董事会是否采纳了审计委员会关于会计师事务所选择的建议？若未采纳，是否应该披露该信息并说明原因？

（3）审计委员会所选会计师事务所的资质和业务团队成员。第一，审计业务团队特定成员的名字（第 34~42 条）。是否披露审计业务团队的执业合伙人和其他关键的团队成员（如执业质量评阅人）的姓名，并提供他们的工作年限和相关的经验？第二，审计委员会在选择执业合伙人时所做的工作（第 43~44 条）。是否披露审计委员会在选择审计业务执业合伙人过程中的参与以及决策意见？具体做了哪些工作？第三，会计师事务所（审计师）为企业连续审计的年限（第 45~47 条）。《SOX 法案》已要求了会计师事务所合伙人连续为同一客户提供审计服务的年限不超过 5 年，鉴于此，是否有必要特别披露当前合伙人的审计服务年限，并说明该信息对审计委员会选聘、续聘、辞聘会计师事务所是否有影响？第四，参与审计的其他会计师事务所（第 48~49 条）。鉴于被审计单位业务领域、地域分布等的分散性与复杂性，会计师事务所通常会利用第三方机构、外部专家甚至其他会计师事务所的工作。当前审计准则规定，会计师事务所应向审计委员会报告这些信息，但并不向投资者公布。是否须披露这些信息以及审计委员会对这些情况的看法？

（4）披露审计委员会相关信息的位置（第 50~52 条）。当前关于审计委员会的披露分散在不同的文件中，如审计委员会已履行工作声明、审计委员会财务专长成员等信息在年报中披露，而其他的披露内容集中在 Proxy Statement 或类似文件中。是保持现状还是需要集中在一个地方披露？

（5）小企业和成长性企业的披露问题（第 53~54 条）。对于小企业和成长性企业是否采用新的披露要求？具体哪些要求适用于这些特殊性企业？

3. 其他内容（第 55~74 条）

是否要求强制披露、需要披露哪些内容？在制定披露规则时应考虑哪些特定的企业、行业、审计委员会、会计师事务所（审计师）因素？这些披露是否以及如何促使审计委员会改变其对会计师事务所的监督？是否修改与审计委员会披露相关的其他规则（如 PCAOB 审计准则）？是否考虑改进审计委员会对财务报告程序、内部审计或内部控制的监督报告？等等。

综上所述，SEC 于 2015 年发布的关于修改审计委员会披露要求的征求意见稿中，几乎在审计委员会履行与外部审计相关职责时的所有关键工作方面提出了增加披露建议，包括这些工作的具体内容、履行过程、标准方法及审议结果等相关信息。相比 1999 年的《S-K 监管规则》与 2002 年的《SOX 法案》之后的两个阶段的监管规则，该征求意见稿中的披露要求建议极大地提高了审计委员会履职过程的透明度，向投资者全面、清晰地传递了审计委员会对外部审计监督的工作信息。

继 SEC 发布概念公告后，不断有职能组织对其响应。2019 年 9 月，国际会计师联合会（International Federation of Accountants，IFAC）发布了题为 *5 Key Factors to Enhance Audit Committee Effectiveness* 的报告，探索提高审计委员会效率的方法。该报告表示，提升审计委员会履职效率至关重要的因素是，增加审计委员会履行职责的透明度，使利益相关者能够更明智地评估其绩效和有效性。公司有关审计委员会信息的自愿披露持续增长，这反映出审计委员会正在对投资者和其他利益相关者不断变化的期望做出回应。但是，尽管审计委员会的报告可能在增加，但披露的有用性却有所不同。美国 CAQ 在《2018 审计委员会透明度晴雨表》中对标准普尔 500 家公司的审计委员会披露情况进行了回顾，结果显示，审计委员会披露中有关审计事务所任命、审计事务所聘用年限、审计费用变化以及用于评估审计事务所标准方面的内容有所增加。但是，对一些关键问题的披露信息却减少了，如是否讨论了审计费用及其与审计质量的关系、是否披露了与审计师有关的重要领域，这些关键内容的披露自 2014 年以来显示出持续下降的趋势。因此，IFAC 在报告中指出，为了促进审计委员会效率并使审计委员会的报告有意义，必须对审计委员会的工作以及其审议和讨论的关键领域进行有力而坦率的披露。此类披露应有助于利益相关者了解有关审计委员会考虑的与财务报表有关的重要问题以及对这些问题的处理。

二、成本与收益之争

在 SEC 发布了概念公告后，立刻引起了社会各界的反应。就是否需要修改、如何修改审计委员会报告要求，以及更多审计委员会履职信息的披露会带来什么样的影响，SEC 收到了来自企业、银行、机构投资者、信息中介（会计师事务所和律师事务所）、监管者（政府和行业自律组织）、个人投资者及学者等各利益相关者的共 102 份意见回复。但是，这场关于审计委员会透明度的重大变革能否促进审计委员会履职的有效性还尚未有定论，其成本与收益也引起了诸多争议。

支持者认为：①审计委员会通过监督管理层以及独立审计师对财务报告过程的参与，在财务报告系统中发挥了关键作用。有关公司审计委员会履职过程及其与公司管理层和审计师互动的其他披露将增强投资者对财务报告可靠性的信心，这将有助于促进资本市场的增强和良好运作（Ernst & Young，2012；KPMG，2015）。②由于信息的改善，更加透明和可靠的财务报告程序最终促使更有效的资金分配从而降低资金成本，提高资本市场效率。③审计委员会透明度的提高，为投资者评估审计委员会的独立性和有效性提供了更多的有效信息，基于外部监督的压力，以审计委员会履职信息为重点的披露可能会促使审计委员会根据披露要求重新审视自己的责任与绩效，提高其履职过程中的怀疑态度以及对财务报告重要领域的关注，降低公司财务报告的风险（FRC，2013）。④这些报告要求并不意味着增加了审计委员会的履职责任，而是加强应有的"信息和报告系统"，使投资者和监管者看到审计委员会在促进可靠和透明的财务报告方面的作用，根据业务判断规则为审计委员会的责任风险提供更为广泛的保护。⑤审计委员会透明度的增加，将促进审计委员会对审计师的评估与监督，在一定程度上提高外部审计师独立性，通过改善管理层与审计师之间的沟通，使审计师更早地识别和解决财务报告问题，为审计质量和财务报告质量提供保障（Ernst & Young，2012）。⑥更多的信息披露要求也可能带来公司之间更加统一的报告，增加各审计委员会的履职信息的可比性，提高报告的实用性和信息价值（Deloitte and Touche，2015；PricewaterhouseCoopers，2015）。⑦此外，详细的审计委员会履职信息披露框架要求，除促进审计委员会实现职责目标外，严格的监督与披露相结合将有助于加强审计委员会欠缺的公司治理，提高审计委员会的整体水平（Ernst & Young，2012）。

然而反对者认为：①2002年《SOX法案》之后，审计委员会职责已受到相当高的重视，现有的披露要求已经有效地捕获了投资者了解审计委员会是否履行监督财务报告和独立审计师义务所需的信息。同时，越来越多的审计委员会根据市场需求自愿提供超出当前披露要求的信息，灵活地披露与投资者相关和投资者感兴趣的信息。②增加审计委员会履职信息披露后，由于投资者不能完全了解所提供的信息，审计委员会的专业判断和履职内容可能容易受到投资者的质疑和潜在诉讼，从而导致诉讼风险和诉讼成本增加，审计委员会这种潜在的、额外的责任的增加，可能会降低有资格的人员担任审计委员会职务的意愿。③不仅如此，这些质疑和潜在的诉讼会导致审计委员会为躲避信息披露而与审计师和管理层之间产生阻止信息自由流动的寒蝉效应，由于审计委员会担心这些讨论的细节可能会被披露，增加诉讼和独立审计师或审计委员会的专业判断的再度质疑，可能会阻碍审计委员会与独立审计师之间的沟通，损害审计委员会履行职责的灵活性和判断力，严重影响审计委员会和审计师履职（MasterCard，2015）。④大量的额外履职信息披露的增加，使审计委员会成员受到越来越多的审查，无形中在财务报告和审计师监督等职责之外，增加了额外的责任，而审计委员会在有限的时间和精力内，会大大增加审计委员会成员在报告和披露事项上花费的额外时间，进而减少其正常的实施实质性监督职责的时间，使得审计委员会履职信息的披露以降低履职有效性为代价（Davis Polk，2015）。⑤审计委员会履职信息披露的增加，将扩大审计委员会报告的篇幅和复杂程度，可能会导致信息过载、使投资者难以理解的信息泛滥成灾，而对投资者提供的价值增量有限，或导致对投资者毫无用处的样板披露，这样既增加了信息披露成本又没有带来信息利益（SIFMA，2015）。

三、2013年《上海证券交易所上市公司董事会审计委员会运作指引》

我国自2002年《上市公司治理准则》和2007年《年报准则》发布后，很长一段时间内无任何专门关于审计委员会的监管政策或规范指引。相比于英国、美国等国家的成熟的审计委员会制度，我国的审计委员会制度还不够完善，相关的监管政策也处于模糊和空白状态。直到2013年，上交所发布了《上海证券交易所上市公司董事会审计委员会运作指引》，进一步推动了上市公司提高公司治理水平，规范上市公司董事会审计委员会的运作。该指引对审计委员会的设置、人员构成、职责、会议、信息披露等做了全面的说明与规定。相比于之前分散在年度报告、独立董事述职报告的规范文件中的要求，这是直接涉及审计委员会及其披露的监管文件。

相比于以前的监管要求，该指引主要对审计委员会信息披露问题做出了进一步的规定：

第一，上市公司须披露审计委员会的人员情况，包括人员的构成、专业背景和 5 年内从业经历以及审计委员会人员变动情况。

第二，上市公司须在披露年度报告的同时在本所网站披露审计委员会年度履职情况，主要包括其履行职责的情况和审计委员会会议的召开情况。

第三，审计委员会在履职过程中发现的重大问题触及本所《股票上市规则》规定的信息披露标准的，上市公司须及时披露该等事项及其整改情况。

第四，审计委员会就其职责范围内事项向上市公司董事会提出审议意见，董事会未采纳的，上市公司须披露该事项并充分说明理由。

第五，上市公司须按照法律、行政法规、部门规章、本所《股票上市规则》及相关规范性文件的规定，披露审计委员会就上市公司重大事项出具的专项意见。

相比之前对审计委员会的披露要求，该指引首先改变了审计委员会信息的披露方式，将审计委员会相关信息形成独立报告，而非包含在年报、独立董事报告等其他信息文件中，使投资者能够直接获取审计委员会的相关信息。最关键的是，该指引要求的披露内容涵盖了审计委员会的基本信息、年度履职情况、履职过程中发现的重大问题以及相关意见，极大地增加了有关审计委员会履职披露的信息含量。通过该指引的要求规定，虽仍不能完全清楚地了解审计委员会对发表意见事项与重大问题的处理过程，但在很大程度上促进了我国上市公司审计委员会履职过程的透明度，推动了我国监管机构对审计委员会制度的监管完善。在当前有关审计委员会透明度改革的讨论背景下，上交所该指引的出台为探讨审计委员会透明度改革的经济后果提供了充分、恰当的政策背景。

第三章　文献综述

从审计委员会问世的背景中可以看出，在经受数例震惊金融界的财务造假事件带来的巨大经济损失后，审计委员会是监管机构提出的从公司内部解决股东与管理层之间代理问题的一种制度尝试，通过提高董事会的独立性加强对管理层经营决策和信息披露的监督。21世纪初，震惊世界的会计丑闻（安然、世通等）的相继爆发使投资者对资本市场的信任跌入谷底，人们比以往任何时候更迫切地需要一个能够有效监督企业财务信息的监督机制。在社会各界的极力呼吁下，监管机构全面加强审计委员会制度的完善，尤其强调了审计委员会在约束经理人、提高外部审计独立性方面的突出作用，希望审计委员会能够对财务报告生成与外部审计进行有效监督，以保证财务报告信息的完整性和可靠性。该机制的引入和严格要求会对企业产生何种影响？这正是审计委员会制度建立之后人们关注和研究的主题。

虽基于对审计委员会的制度需求明确了审计委员会的基本职责，但事实上，审计委员会似乎并未发挥出预期的制度效应，层出不穷的财务舞弊案件，不断地引发和加深公众对审计委员会有效性的质疑，提高审计委员会效率的呼声也越发高涨。作为回应，纽约证券交易所（NYSE）和全国证券交易商协会（NASD）专门成立了"蓝带委员会"（Blue Ribbon Committee，BRC），解决关于提高审计委员会效率的问题。在此背景和契机下，越来越多的学者关注到审计委员会的履职效率问题，从公司内外部各个角度探讨该问题的影响因素，并且，随着公司经营环境的复杂化、信息数据的可获得性等条件影响和支撑，审计委员会效率的相关研究不断地深入和扩展。

但审计委员会履职效率的问题仍并未完全解决。SEC在2015年发布的公告中指出，审计委员会在监督财务报告和独立审计师方面的作用和责任已经发生变化，但是相关的披露规则并未向投资者提供有关审计委员会在上市公司中的作用和责任的充分有用信息。目前企业对审计委员会所做的工作总体上是高度概括性的，同章程、条文等规范性文件的表述基本无异，因而公众对于审计委员会是否履职以及如何履职几乎一无所知，联合依旧层出不穷的财务舞弊事件，引发了公众对审计委员会的信任危机。面对审计委员会的低透明度与公众日益增长的信息需求之间的这种矛盾，越来越多国家的政府监管部门尝试旨在提升审计委员会透明度的信息披露改革。那么这种改革对于审计委员会的效率会产生何种影响呢？

第一节 审计委员会的经济后果

随着审计委员会制度的发展，审计委员会的职责逐步扩大为审核财务报告信息与披露、评价内部控制有效性、监督内部审计制度与实施、监督外部审计工作与质量等范围。在美国等西方发达国家中，对审计委员会制度的探索较早，并且在发展的过程中不断加强对审计委员会的制度监管，加之外部完善的资本市场的支撑，对于审计委员会经济后果的讨论，大部分研究认为审计委员会制度的执行能够提高财务信息质量、完善公司治理环境，肯定了审计委员会在促进公司经营和资本市场运行等方面的作用。相较而言，我国作为新兴资本市场，引入审计委员会制度的时间较晚，制度本身的发展和外部的监管不完善，公司多是在上市前夕迫于满足监管条件而设立审计委员会机构，该制度并未得到公司的重视，其后续的执行亦无法得到保证。因此，该制度在实践中可能流于形式，而我国学者对审计委员会经济后果的研究结论的较大差异性可能也反映了这一现象。

在有效资本市场中，股票价格反映的是投资者根据公开信息决策后的均衡结果，因此，股票市场变动可在很大程度上反映投资者对事件经济后果的看法。Wild（1996）发现，在审计委员会成立后，市场对盈余报告的反应显著增加，具体来说，投资者对盈余报告的反应比审计委员会设立之前增加了20%以上。De-Fond（2005）测试了《SOX法案》实施之前，市场对上市公司审计委员会关于702名新财务专家外部董事会成员的任命的反应，结果表明，对于会计专家加入审计委员会的任命公布期间有显著为正的累计超额收益。Farber（2005）跟踪了87家被SEC认定为财务欺诈的公司，结果发现这些公司在采取行动改善其治理机制后，尤其是外部董事比例等特征与控制样本一致的情况下，提高了审计委会会议频率，产生了较好的股价表现。一言以蔽之，审计委员会的设立向外传递了良好治理机制的信号。

总体而言，投资者对审计委员会的正面价值效应预期已经显现，但其发挥的实质效应可能因企业环境、自身能力等状况而异。诚然，这些基于股票市场反应的研究反映的是投资者对审计委员会效用综合权衡与评估后的结果，那么其具体的经济后果分别体现在哪些方面呢？

一、审计委员会与财务报告质量

20 世纪末，为回应公众对公司财务监督的呼吁，监管机构加大了对公司审计委员会机制的监督和完善，明确其职责范围与履职要求，希望审计委员会能够进行有效监督以减少公司财务舞弊。为寻求财务报告的完整性与可靠性，美国专门成立的蓝带委员会，针对强化审计委员会在监督财务报告过程中的地位和职责进行研究，并在《SOX 法案》中继续强调了审计委员会在确保财务报告质量中的重要作用。因此，基于审计委员会设立的初衷与职责设定，其履职监督的最根本目标就是保证公司财务报告质量，各学者也由此开启了对审计委员会经济后果的研究。

（一）审计委员会和直接财务报告

早在 1999 年蓝带委员会对审计委员会的职责改进以前，Mcmullen（1996）利用 1982~1988 年的样本研究就发现，审计委员会的设立会减少公司财务报告重述与违规行为，降低股东对财务报告的舞弊诉讼以及更换外部审计师的可能性，意味着审计委员会的设立可以改进财务报告与披露的质量。但是，此时由于内部人士和灰色董事被任命到审计委员会，导致审计委员会并没有发挥有效的监督作用（Klein，1998）。

随后针对审计委员会的人员组成，《SOX 法案》进行了严格的规定。延续之前关于财务报告质量的研究方法，越来越多的文献发现审计委员会对财务报告质量的积极作用。如 Klein（2002）发现，在进行严格要求之后的审计委员会降低企业的异常应计利润，抑制了管理层的盈余管理行为，Dhaliwal 等（2010）也得出了相似的结论。

除盈余管理外，财务报告重述也常常被作为财务报告质量的衡量方式。Abbott 等（2004）在对上市公司规模、交易所、行业和审计师类型进行匹配对照后发现，一个完全独立的审计委员会和更高水平的委员会活动与财务报告重述具有显著的负相关关系，尤其是具有财务专业知识的审计委员会成员的存在更会降低重述的可能，而没有类似审计委员会的公司更有可能发生舞弊欺诈。不仅如此，如果公司发生财务报告重述，有效的审计委员会可以影响重述的负面影响，如Schmidt 和 Wilkins（2013）以重述黑暗期（从公司发现需要重述财务数据到随后披露重述对收益的影响之间的一段时间）的长短来衡量财务报告重述披露及时性，发现有效的审计委员会，尤其是审计委员会主席是财务专家的公司能够更及时地披露财务报告重述的相关信息。

关于审计委员会职责的规定与监管的主要目标是恢复财务报告体系的可信度，限制管理者和其他各方的机会主义行为、降低财务信息风险，稳健性是财务报表的一项重要特征。针对这一财务报告质量的衡量方式，Krishnan 和 Visvanathan（2008）发现审计委员会的存在，尤其是具备会计专业知识的成员，能够提高财务报告的稳健性，但值得注意的是，在其进一步的分析中发现这一结论只有在公司整体治理特征较好的时候才会成立，公司薄弱的治理机制会削弱审计委员会对财务报告稳健性的监督作用。

以上这些文献研究基于盈余管理、应计质量、重述等定量方式为审计委员会在财务报告质量监督方面提供了支持性证据，随着财务报告中信息涵盖范围的增加，逐渐有文献关注到了审计委员会对管理层在财务报告中定性描述的影响。如Agoglia 等（2011）发现在规则导向的会计准则体系下，CFO 更倾向于提供激进的财务报告，而随着审计委员会监督作用的加强，会降低这种激进财务报告的可能性，使财务报告中的描述信息更符合事实。Lee 和 Park（2019）在近期的研究中发现，审计委员会的财务专业知识，尤其是会计相关的专业知识，大大降低了公司年度报告中管理层讨论和分析（MD & A）部分机会主义向上管理的语气，提高了财务报告中定性文本信息的质量。

我国证监会在 2002 年与国家经济贸易委员会联合发布《上市公司治理准则》，其中专门就审计委员会做出了具体规定，正式在我国上市公司中引入审计委员会制度，成为我国公司组织结构中的重要组成部分。针对这一机制的建立，众多学者开始对其监督治理效果进行了讨论。基于我国的制度背景，已有文献经验表明，审计委员会的设立能够降低财务报表重述、提高信息披露质量、抑制盈余管理、提高盈余质量，最终提高了公司的财务报告质量（杨忠莲和杨振慧，2006；蔡卫星和高明华，2009；刘力和马贤明，2008；翟华云，2006）。但是，审计委员会的监督效用也可能存在一定的局限性，谢永珍（2006）发现虽然审计委员会在一定程度上提高了公司的信息披露质量，但是并未能真正降低公司的财务违规操作甚至财务舞弊的概率，亦没有发挥出监督公司财务安全的作用，因此审计委员会制度还需进一步完善。

然而，关于审计委员会对财务报告监督效果的研究结论并不是完全一致的，洪剑峭和方军雄（2009）发现设立审计委员会的公司均具有较高的盈余质量，这种盈余质量差异已经存在于设立审计委员会的上一年，而且在控制这种差异后发现在设立审计委员会前后，上市公司的盈余质量并未发生显著变化，因此并不能得出审计委员会本身能提高会计信息质量的结论。但倪慧萍（2008）的发现可能对类似现象给出一定的解释，审计委员会的治理效应可能存在一定的滞后性，因此对于盈余管理的抑制没有反映在设立当年，而是在之后年度显现出来。王雄元和管考磊（2006）发现审计委员会的会议次数与信息披露质量负相关，原因在于审计委员会频繁地开会是在公司发生问题之后进行的补救措施，而不是作为监督预防的治理机制，因此审计委员会并未在履职中对财务报告的生成过程起到有效的监督作用。

（二）审计委员会与内部控制

有效的内部控制，尤其是与财务报告相关的内部控制，能够合理保证交易的授权与记录、资产处置与安全等，是决定财务报告生成过程可靠性的重要机制。对此，《SOX 法案》第 302 条款与第 404 条款也强化了有关财务报告内部控制的要求，以及审计委员会的相关职责，期望审计委员会能够促进内部控制的建立与完善。对于这一预期，也有文献提供了支持性的经验证据。Krishnan（2005）考察了审计委员会与企业内部控制质量之间的关系，研究结论表明无论是内部控制一般缺陷还是内部控制重大缺陷，有效的审计委员会均降低了这些内部控制问题的发生概率。即使审计委员会的监督作用能够减少内部控制缺陷的发生，但是内部控制问题仍不可避免，Goh（2009）则在这个事实的基础上进一步讨论了审计委员会在内部控制缺陷发生之后的影响。具体地，他发现具有相关专业知识的审计委员会能够督促管理层及时地对内部控制缺陷进行修正并保持跟进，支持了审计委员会对内部控制完善的监督作用。

然而，由于我国法律制度和文化传统的不同，国外关于审计委员会对内部控制的监督效用结论，在我国的环境中可能并不适用。审计委员会成员的提名和任命是由以董事长为首的董事会决定的，董事长对于审计委员会有着直接的影响，而且我国董事长在公司经营决策中有相当大的参与程度，在此背景下，陈汉文和王韦程（2014）利用董事长和审计委员会的就职时间差异检验发现，相比于审计委员会，董事会在内部控制中起到了更重要的作用，因此，就内部控制质量监督而言，在我国资本市场中审计委员会并未发挥应有的作用。

（三）审计委员会与内部审计

内部审计致力于审查企业经营活动的真实性、合法性，评价财务会计政策和处理程序的合理性、合规性，为财务报告的可靠性提供了重要保障。在公司的组织结构中，内部审计部门隶属于公司行政系统，在日常的工作中要服从于管理当局的领导，那么其对于管理层的监督很有可能受到限制和阻碍。因此，对于直属于董事会的审计委员会机构，授权其在职能上对内部审计进行监督，通过对内部审计的工作计划、结果等事宜进行复核，确保其对财务事项的审查效率。IIA（2008）认为，通过内部审计主管向审计委员会定期进行职能报告的安排，可以保证内部审计师更好地保持独立性和客观性，并促进财务报告质量。

然而，内部审计人员的任命、薪酬和解聘、业绩评价和职位晋升，以及内部审计部门预算分配等关键活动在很大程度上取决于管理层的支持和决定，基于管理层对内部审计部门的巨大权力影响，审计委员会能够对内部审计工作提供足够的支撑仍未确定。对此，Norman 等（2011）从财务信息错报纠正的视角，检验了审计委员会对内部审计师决定的影响，研究发现审计委员会的存在，甚至是审计委员会成员专业知识的增强以及审计委员会成员感知权利的提高，并未降低内部审计师放弃纠正错报的意愿，没有达到通过影响审计师错报纠正来提高财务报告披露金额可靠性的目标。因此，鉴于内部审计部门的属性，审计委员会对内部审计部门关于财务报告监督质量的影响程度可能仍存有疑虑。

二、审计委员会与外部审计

外部审计作为公司财务报告的"公共监督者"，旨在为财务信息的使用者提供一份独立、公正的审计报告。然而，安然、世通"大厦"的倒塌，安达信会计师事务所的解散，霎时震惊了整个商界和审计行业。2002 年，美国国会迅速通过《SOX 法案》，在法案中扩大了审计委员会对审计师监督的职责，包括事务所选聘、审计费用决策、审计服务和非审计服务的批准、与审计师的沟通、对审计过程的监督等，旨在从公司内部保证审计师的独立性，最大限度地减少影响审计师判断的因素，保证审计师对财务信息的审计工作质量。对此，逐渐有研究从审计相关事项对审计委员会的影响给出了经验证据。

审计费用通常被认为是审计师工作量的支撑，为寻求更高层次的审计覆盖率和审计保证，理论上审计委员会应支持更高的审计费用。Abbott 等（2003）对美国 5 家大型审计事务所的审计费用分析发现，在对审计委员会监管之后（即完全由外部独立董事组成且包含至少一名具有财务专业知识成员的审计委员会），显著提高了审计费用，表明审计委员会在其控制范围内会支付更高的审计费用，以保证更高水平的审计覆盖率。相反，非审计费用则不同，较多的非审计服务有可能破坏审计师的独立性，因此《SOX 法案》禁止审计师提供多种类型的非审计服务，并要求审计委员会预先批准所有允许的非审计服务。对这一审计质量的潜在影响因素，Abbott 等（2003）发现作为独立的财务监督者，审计委员会会限制支付给在任审计人员的非审计服务费用，努力提高审计人员的经济独立性。之后，有文献进一步证明，即使在审计委员会中，有成员的身份是与现任审计师有关联的前审计事务所合伙人的情况下，审计委员会依然会减少非审计服务来保证审计师的独立性（Naiker et al.，2013）。

　　除了审计费用，审计质量的关键决定因素在于审计师与管理层的博弈结果。具体地，审计质量取决于审计师在审计过程中发现错报，而面对管理层的压力最终揭露错报甚至舞弊的概率。此时，审计委员会扮演的角色是考虑错报的性质与影响，客观地解决外部审计师与管理层之间关于财务报告问题的分歧。DeZoort 和 Salterio（2001）以审计师与管理层之间的涉及收入确认时间和相关费用的"形式与实质"纠纷为研究对象，结果发现，相关知识和经验丰富的审计委员会成员更多的是支持在与管理层的纠纷中主张实质胜于形式的审计师，验证了审计委员会在解决审计师与管理层纠纷时的立场。进一步地，对于审计师提出的审计调整，尤其是调整事项的重要性理由包括定量和定性因素，存在的会计问题需要更精确的衡量，而不是依靠主观估计时，审计委员会对审计师的支持更大（DeZoort et al.，2003）。审计委员会的这种立场在《SOX 法案》之后尤为明显，原因在于随着审计委员会责任的增加，公众对于审计委员会监督效果的期望越发高涨，使得审计委员会针对财务报告信息的准确性以及相关会计问题的处理更为保守，促使审计委员会在审计师与管理层出现纠纷时，对审计师调整提议的支持更为显著（DeZoort et al.，2008）。当然，与这些事项相关的结论也不是完全绝对的，如 DeZoort 和 Salterio（2001）就发现由于曾经同时担任董事会董事和高级管理人员的经历，审计委员会成员对审计师与管理层之间的争议做出不同的判断，结果是增加审计委员会对管理层的支持。

由于审计委员会为外部审计师提供了审计工作成本费用的支持，以及与管理层就报告问题出现纠纷时的支持，为审计工作正常进行给予了保证，同时也降低了审计人员面临的审计风险，因此也就降低了审计师辞职的可能性。Lee 等（2004）的研究中就表明，审计委员会与审计师辞职的可能性呈负相关关系，而且即使存在审计师辞职的情况，独立的审计委员会也与继任者审计师的质量正相关，这表明审计委员会在降低审计师辞职频率以及审计师辞职带来的负面后果方面发挥了重要作用。不仅如此，有效的审计委员会也能够在审计师出具不利审计意见之后，抵抗管理层的压力保护审计师免遭解雇（Carcello and Neal，2003）。

从我国相关的研究文献来看，关于审计委员会与外部审计关系的结论也是大不相同。一般意义上讲，有效的审计委员会为了实现其对财务报告结果的有效保证，会选择高质量审计事务所。对此，翟华云（2007）给出了经验证据表明设立且保持独立审计委员会的公司更倾向于选择大事务所。对于相同的问题，吴水澎和庄莹（2008）在控制自选择后发现没有设立审计委员会的公司更可能聘请四大事务所；王跃堂和涂建明（2006）、张阳和张立民（2007）则均未发现审计委员会设立与审计师变更的相关性；王雄元等（2008）虽找到审计委员会减少事务所变更的证据，但并没有发现事务所变更提高审计质量、排除审计意见购买，因此也不能完全证实审计委员会对外部审计的有效监督。除此之外，相关文献对于审计意见的解释也存在争议。王跃堂和涂建明（2006）发现设立审计委员会的公司更不易被出具非标审计意见，他给出的解释是审计委员会有效地履行了财务信息质量控制职责，最终反映在干净的审计意见中。但是对于类似的结果，张阳和张立民（2007）则认为，公司不易被出具非标审计意见表明审计委员会不能有效提高审计师独立性，反映的是审计委员会监管职能的失效。

三、审计委员会与公司治理

从公司治理的角度来看，审计委员会通过对财务信息生成与披露的审核、内部控制建立与完善的评估，以及外部审计过程与质量的监督，在企业会计信息的生产阶段为信息的准确性与可靠性奠定了基础。那么在财务信息的使用阶段，根据信号传递理论，财务信息使用者必将根据财务报告的有效性和透明程度做出不同的反应。具体地，债权人对以会计为基础的债务契约的依赖表明，债权人相当关注财务报告的完整性和可靠性，以及影响财务报告信息质量。如 Anderson 等（2004）的经验证据显示，独立的审计委员会显著降低了企业的债务融资成本，表明审计委员会的监督通过影响财务报告信息质量进一步对公司治理和经营的其他方面产生了衍生效应。与该视角相似的是，Sharma 等（2019）通过对公司权益成本的分析发现，当投资者认为审计委员会的监督有效时（如在多个董事任职从而获得更多的经验的信息资源），公司权益成本下降，这表明如果审计委员会能够有效地履行职责，投资者对其的感知是积极的。

戏剧性企业破产事件和审计失败的频发，使人们越来越关注企业风险管理。就企业的风险管理实践而言，有效的风险管理能够降低企业的战略、经营以及财务风险。Cohen 等（2017）发现审计委员会逐渐关注到企业风险管理对财务报告风险和披露充分性的影响，因为风险管理过程中揭示的企业财务状况和相关风险最终会反映到财务报告中，进而影响错报风险。他们的调查显示审计委员会在监督过程中会关注企业的战略决策以及风险承担，而且审计委员会认为目前审计师在审计过程对战略因素的重视较低，没有充分考虑企业风险管理的相关事项，对于财务报告质量的保证程度出现了期望差距。这些结论表明了审计委员会的监督履职不再局限于财务报告本身，而是逐渐衍生到影响财务信息风险的其他公司治理因素。

除企业的信息环境、风险管理等治理因素，近期有文献更多地关注了审计委员会的治理衍生效应。Lee 和 Fargher（2018）通过对内部和外部检举案件的样本分析发现，一个高质量的审计委员会有助于完善企业的内部举报系统，确保泄密信息能够通过内部渠道接收和解决，从而降低企业不当行为被外部检举的概率，并降低了举报者受到报复的可能性。Buallay 和 Al-Ajmi（2020）发现独立的审计委员会显著提高了企业的可持续发展报告的信息披露，但是审计委员会成员的财务专业知识可能对这些信息的披露有一定的负面影响。由于审计委员会对财务报告生成过程、企业经营风险管理等方面的监督和影响，改善了企业的治理环境，促进企业长期发展，最终可能提高了企业的市场价值。Aldamen 等（2012）以经济危机时期为研究背景，为审计委员会对企业绩效的影响提供了经验证据，结果表明，拥有丰富的金融知识和经验的审计委员会显著提高了企业业绩，尤其在财务困境时期，投资者会更关注审计委员会的治理属性为企业绩效带来的积极影响。

从国内有关审计委员会经济后果的研究来看，主要集中在盈余管理、财务重述等财务报告信息质量、内部控制质量，以及审计师选择、审计意见等外部审计相关事项，对于审计委员会的衍生治理效应似乎鲜有文献涉及。

第二节　审计委员会效率的影响因素

显然,在对审计委员会经济后果的讨论中形成了"有效论"和"无效论"两种观点。有效论认为,审计委员会在提高财务报告质量、完善公司治理方面发挥了积极主动的监督作用,如提高了财务报告生成与披露的信息质量、增强了内部控制完善与有效性、保证了外部审计师的独立判断、降低了公司与投资者之间的信息不对称与代理成本等。然而无效论认为,审计委员会似乎只是形式上的监督机构,象征性地履行了合规行为,在某种程度上没有发挥实质作用,如审计委员会对于会计盈余质量和内部控制质量或者内外部审计的客观有效性的影响未必是"板上钉钉"。

审计委员会作为公司内部治理机制的组成部分,提供的监督活动常常是具有挑战性的,特别是在大型、复杂的组织中。正如前文所说,审计委员会在运作上仍然存在很大差异,审计委员会发挥的实质效应也因自身能力、企业环境等状况而异。因此,与其说是对审计委员会制度有效性的争论,不如说是审计委员会履职效率的差异引起了两种争议。那么,是什么影响了审计委员会的履职效率呢?国内外学者从审计委员会自身的特征属性和公司内部外环境因素等方面对此展开了丰富的讨论。

一、审计委员会特征

(一) 独立性

作为公司内部治理机制的组成部分,为了实现审计委员会对财务报告信息、外部审计过程、公司治理决策等方面的监督作用,保护投资者的利益,首先要保证的就是审计委员会的独立性,为此立法者对审计委员会成员的独立性提出了严格的要求。1999 年以来,监管机构进行了旨在提高审计委员会效率的重大改革,尤其在《SOX 法案》"301 条款"中要求审计委员会的所有成员都必须是独立的,可见监管机构对审计委员会独立性的重视。那么审计委员会的独立性是否能够影响审计委员会的监督效率呢?

在《SOX 法案》对审计委员会的独立性进行严格要求后,Bedard 等 (2004)就对这种形式的审计委员会进行了检验,结果发现仅由独立的外部董事组成的审计委员会会降低管理层的向上盈余管理行为。Lee 等（2004）对审计委员会与审计师辞聘的关系进行了探讨，发现独立审计委员会更有可能加强公司与外部审计师的合作力度，显著降低审计师辞聘的可能性，不仅如此，若存在审计师辞聘，审计委员会的独立性能够提高继任审计师的质量，减缓审计师辞聘带来的负向后果。同样是外部审计师选择的角度，Lennox 和 Park（2007）发现，如果公司的高管是审计师事务所人员的校友，该事务所更有可能被任命，而独立的审计委员会会降低这种事务所被任命的可能性，减少对审计质量的潜在威胁。这些研究结论都表明了独立性对于审计委员会履职效率的重要性。

然而，财务舞弊和审计失败案件的层出不穷，使得公众对于审计委员会独立的真实性保持怀疑。因此，关于审计委员会是否能够对财务信息、外部审计等事项进行实质的独立性监督仍在讨论。关于审计委员会独立性，以往的研究主要关注于审计委员会组成视角，即以独立董事的比例衡量审计委员会的独立性。但是，近期有观点认为这种监管要求可能更关注形式而非实质独立。1999 年 12 月，美国 SEC 为纽约证券交易所和纳斯达克上市公司制定了新的标准，要求上市公司必须维持由至少三名成员组成的完全独立的审计委员会，2002 年美国国会通过《SOX 法案》对这些标准进行了立法。Kim 和 Klein（2017）对该标准进行了检验，发现这项关于审计委员会独立性的要求并未带来更高的市场价值或更好的财务报告质量，这可能在一定程度上表明该独立性的形式要求并未产生效益或者审计委员会并未实现真正的独立。

那么具体是什么影响了审计委员会的实质独立性呢？众所周知，审计委员会主要是对公司财务报告编制、披露与相关内部控制进行监督，不难想象，审计委员会履职过程中的独立性很有可能受到管理层的影响，有文献也对其进行了讨论。Lisic 等（2016）构建了 CEO 权力的综合指数来检验管理层权力对审计委员会效率的影响，研究发现当 CEO 权力较低时，审计委员会与内部控制缺陷的发生率呈负相关关系，随着 CEO 权力的增加这种负相关关系会减弱，而当 CEO 的权力达到足够高的水平时，两者间的负向关系消失。其中部分原因在于，CEO 的权力较大时会提供较少或低质量的信息，给审计委员会的监督工作带来更多的困难，使得形式上独立、专业的审计委员会并不能实现实质有效的监督。Beck 和 Mauldin（2014）利用金融危机和经济衰退作为外生冲击，讨论了审计委员会和 CFO 对审计费用的影响，结果发现在经济衰退期间，如果 CFO 的权力较大，为缓解财务压力会大幅降低审计费用，而如果审计委员会的相对权力更大，审计费用的降幅则会较小，从而保证审计工作量，因此 CFO 权力会影响审计委员会履职的独立性。类似地，国内也有学者从财务重述、审计费用等方面得出了管理层权力对审计委员会监督效率的削弱影响（李云等，2017；王守海等，2019）。除此之外，管理层影响审计委员会独立性的另一种方式可能是社会关系的存在。有证据表明，管理层常常从他们的社交网络中任命董事。基于《SOX 法案》实施之后的公司样本，Bruynseels 和 Cardinaels（2014）发现审计委员会成员与管理层之间的社会关系对监督质量有负面影响，具体表现在审计委员会成员与 CEO 存在友好关系的公司购买的审计服务更少、有更多的盈余管理行为，而且当存在这种朋友关系时，外部审计师也不太可能发布持续经营意见或报告内部控制缺陷。

与管理层社会关系对审计委员会独立性的影响机制相似，在审计委员会对外部审计师监督的过程中，审计委员会成员与外部审计师之间的人际关系也可能破坏审计过程中的监督。He 等（2017）通过校友、师生、雇用等关系来衡量审计委员会与审计师之间的联系，发现两者间的社会关系会阻碍审计师应有的谨慎，影响其客观判断，降低了审计师在公司存在财务报告违规行为时出具非标审计意见的可能性，即审计委员会与审计师间的社会关系损害了审计质量。与之不同，Christensen 等（2019）则从前任审计合伙人的角度对审计委员会与审计师之间的关联进行了分析，而且与对两者关系产生负面影响的担忧相反的是，他们发现当前任审计合伙人担任审计委员会成员时，会增加对该关联事务所的任命，并降低外部审计师解聘的可能性，延长了审计师与客户关系的任期，不仅如此，该关联合伙人利用其对审计事务所的了解和认同，改善审计过程中双方的沟通，提高了审计人员的工作效率从而降低了之后财务报告重述的可能性，因此这种社会关系并未影响审计委员会监督过程中的独立性。

因此，审计委员会与管理层、审计师或其他利益相关者的关系很有可能影响审计委员会的实质独立性，从而降低审计委员会的监督效率，但具体的可能因关系性质的不同而产生不同的影响。

（二）审计委员会的专业性

财务报告问题可能是高度技术性的，具有相当程度的会计和审计知识的审计委员会成员，或者有过直接审计经验、与审计师处理过审计问题的，更有可能认识到企业财务风险或财务报告问题，从而向管理层和审计师提出探究性问题。监管机构也同样认可审计委员会财务专业知识的价值，2002 年《SOX 法案》第 407 条界定了审计委员会成员的财务专长条件，并要求公司对其进行披露，希望审计委员会能够进一步保证公司财务报告的完整性和可靠性，以增强投资者的信心。作为回应，纽约证券交易所和纳斯达克证券交易所将包含财务专业知识的审计委员会成员作为公司上市要求。

但是，对于财务专长的定义，《SOX 法案》中采用的是与会计直接或间接相关的广泛定义。Hoitash 等（2009）将审计委员会财务专家类型分为了三种：会计财务专家（如 CPA 和 CFA）、监督财务专家（如 CEO 和董事会主席）和用户财务专家（如财务分析师和投资银行家），他们发现会计财务专家和监督财务专家都降低了内部控制重大缺陷的可能性，但是只有会计财务专家提高了当前财务报表项目直接相关的控制有效性，而监督财务专家则与更好的管理过程控制有关，与这两者均不同的是，用户财务专家的存在反而提高了内部控制重大缺陷的可能性（Hoitash et al.，2009）。Goh（2009）在考察内部控制重大缺陷修正机制时采用了类似的方法，证明了审计委员会财务专业知识对内部控制监督作用的加强，而且"财务专家"与内部控制重大缺陷修正及时性的联系是由审计委员会成员的非会计财务专业知识（即监督财务专家）推动的。与 Hoitash 等（2009）有所不同的是，Goh 没有将内控缺陷分类并与不同类型的财务专家之间的联系进行检验，因此各财务专家的监督效果并没有明确的结论。但总体上，审计委员会的财务专业知识能够提高审计委员会的监督，且各种财务专家产生的效用有不同的倾向性。

当然除内部控制外，审计委员会的专业性还涉及许多其他方面的研究。如 Schmidt 和 Wilkins（2013）以重述黑暗期（从公司发现需要重述财务数据到随后披露重述对收益的影响之间的一段时间）的长短来衡量财务报告重述披露及时性，发现当审计委员会中有会计财务专家，尤其是审计委员会主席是财务专家的公司能够更及时地披露财务报告重述的相关信息。Lisic 等（2019）发现对于已存在或可能出现内部控制重大缺陷的公司，审计委员会成员中会计财务专家所占的比例越高，审计师出具不利内部控制审计意见的可能性就越大，而且审计委员会成员中会计财务专家比例的增加，会导致审计师因发表不利的内部控制审计意见而被解雇的可能性更低。相比之下，这些结论仍是依据财务报告质量、审计质量研究中常用的类似定量的衡量方式，与这些研究方法略微不同的是，Lee 和 Park（2019）在近期的研究中发现，审计委员会的财务专业知识，尤其是会计相关的专业知识，大大降低了公司年度报告中管理层讨论和分析（MD & A）部分机会主义向上管理的语气，提高了财务报告中定性文本信息的质量。

以上这些文献研究基本上肯定了审计委员会的专业性在审计委员会履职监督中的作用，与这些研究视角不同的是 Badolato 等（2014）考虑了审计委员会专业性监管的局限性，表示增加审计委员会财务专业知识的监管压力导致了审计委员会的地位相对于管理层而言较低，原因在于为满足这些监管要求，企业任命了一些本来不会被考虑担任董事职位的成员，尤其是当各方面临目标冲突时，这些新增的具有财务专业知识的审计委员会成员并没有向预期的那样抑制盈余管理、减少会计违规行为。因此，仅增加对审计委员会专业性的强调，对于审计委员会的有效监督来说是不够的。

专业性是履职能力的体现，审计委员会成员依赖所具备的学识与经验，在监督过程中做出专业的分析和判断。随着经济环境的发展，公司财务运营模式越发复杂化，监督履职对于审计委员会专业知识的要求不再局限于基础的财务会计，信息技术、金融、管理、法律等方面的专业知识，可能有助于审计委员会成员间形成优势互补，从而保障客观、准确的群体决策。Carcello 和 Neal（2003）发现，审计委员会具有更强的治理专业知识时，能够更有效地保护外部审计师在发布新的持续经营报告后免遭解雇。Krishnan 等（2011）在控制会计专业知识后发现，具有法律专业知识的审计委员会成员的存在对财务报告质量有显著的增量作用，表明法律专业知识是财务报告质量的监督者，而不是信号，这种积极影响尤其体现在外部监管环境较为严格的情况中。Cohen 等（2014）通过两种财务报告质量衡量标准（财务重述、操纵性应计）和两种外部审计师监督衡量（审计费用、非审计费用）进行检验，结果发现既是会计专家又是行业专家的审计委员会成员的表现要优于仅具有会计专业知识的审计委员会成员，表明与只有会计专业知识的审计师相比，将行业专业知识与会计专业知识相结合，可以更为有效地实现审计委员会对财务报告过程中的监控。Ashraf 等（2019）检验了审计委员会的信息技术专业知识是否会影响财务报告的可靠性和及时性，结果发现在审计委员会具有信息技术专业知识的样本公司中，发生重大重述和与信息技术相关的重大缺陷的可能性（占所有报告的重大缺陷的 55%）大大降低，盈余公布亦更为及时，表明了审计委员会的信息技术专业知识显著提高了财务报告质量。此外，Shepardson（2019）通过公司商誉摊销决策检验了审计委员会成员的特定任务经验对公司财务报告结果的影响，结果发现当财务报告中涉及复杂估计，而这些估计容易受到管理偏差、存在审计困难时，具有特定任务经验的审计委员会成员可以提升群体决策地位，影响审计委员会对公司决策的监督能力，使得公司财务报告相关的决策更为保守。

（三）勤勉度

除非审计委员会积极地进行监督，否则成员的独立性和专业性特征不会产生效力，因此审计委员会的工作勤勉度是影响其监督效率的重要因素。已有关于审计委员会勤勉度的研究主要关注两个方面：必须履行的职责以及会议的次数。

通过正式的书面章程明确审计委员会职责，能够为审计委员会的履职行动提供指引，同时约束审计委员会按照章程进行充分有效的履职。例如，Bedard 等（2004）发现对审计委员会关于财务报告和外部审计监督职责的明确授权能够降低盈余管理行为，而且只有在明确规定了审计委员会的监督职责的情况下，审计委员会特征对向上盈余管理与向下盈余管理的差异影响才有统计意义。杨有红和赵佳佳（2006）在对我国审计委员会现状进行专家调查的基础上，认为关于审计委员会职责规定的描述过于笼统，缺乏对具体实践操作的指导性，导致审计委员会的监督效力有限。

BRC 和 Treadway 委员会指出，审计委员会应该与外部审计师有直接的沟通渠道，在适当的时候讨论和审查特定的问题，审计委员会的定期会议能够使审计委员会保持对相关会计和审计问题的知情和了解，因此，审计委员会会议频率常常在研究中被作为勤勉度的衡量方式。Gendron 等（2004）通过现场访谈试图了解审计委员会关于会议的见解以及委员会成员在会议上的做法，调查表明审计委员会在会议上通过对问题的沟通，从而达到对财务报告的准确性和审计人员工作质量的满意度，尤其通过他们所询问的不同方所提供的回答的一致性程度来评估可信度，因此，审计委员会通过多次召开会议来达到监督效果。Chen 和 Zhou（2007）发现在对利益相关者和决策者的影响方面，审计委员会会议的数量是一个重要的公司治理机制。也有文献认为审计委员会的会议频率与履职效率没有关系，如 Bedard 等（2004）则表示没有发现证据表明审计委员会召开的会议频率能够降低管理层的盈余管理行为，Abbott 等（2003）发现在审计委员会特征的检验中，审计委员会会议频率与审计费用没有关联。甚至有文献发现审计委员会会议次数对于监督效果的反向结论，如王雄元和管考磊（2006）发现审计委员会开会次数（勤勉度）与信息披露质量负相关，原因在于频繁的开会仅是在问题发生之后进行补救，而不是作为问题预防的治理机制。其他方面，有文献对审计委员会勤勉度的关联因素进行了讨论，如张世鹏等（2013）研究表明，审计委员会勤勉度与声誉机制紧密相关，在较为有效的资本市场中声誉机制较为健全，为树立和保持自身的声誉，审计委员会成员会更加勤勉。

（四）任期

美国公司董事联合会（National Association of Corporate Directors，NACD）和机构投资者理事会（Council of Institutional Investors，CII）曾提出对独立董事席位和任期的限制建议，但《SOX 法案》并未解决这些问题。另外，商业圆桌会议（Business Round Table，BRT）反对对董事任期进行任何限制，认为任期限制会扼杀独立董事通过长时间服务获得的知识和经验。目前理论研究也没有明确预测独立董事任期对履职效率的影响。

基于审计委员会的监督职责，任期较长的审计委员会成员可能更为了解公司的内部和外部环境、财务报告和风险管理流程、内部控制系统和程序，并且在必要时有信心挑战管理层。因此长期任职的独立审计委员会成员可以积累对公司特有的了解和经验，使他们能够更有效地行使监督职责，相比之下任期较短的独立审计委员会成员可能缺乏这样的积累过程。不仅如此，在有效的独立董事市场中，任职时间较长的董事可能更有动机保护投资者的利益以保持自身的董事席位。如 Beck 和 Mauldin（2014）基于 2007～2009 年的经济衰退背景，对审计委员会的监督效果进行了检验，经济衰退给许多公司带来了财务压力，引发了包括降低审计费用在内的成本削减措施，监管机构担心降低审计费用会减少经济衰退期间的审计工作，还发现任期更长的审计委员会抵抗费用压力，降低了减少审计费用的可能性，以保证充分的审计工作和较高的审计质量。

然而，另一种观点认为随着审计委员会成员任期的延长，独立性会被削弱。人们通常认为，当独立董事与管理层存在社会关系或建立友谊时，他们就不太可能约束管理层。在董事任职期间，友谊或社会关系得到发展和加强，因此任期较长的独立董事更有可能批准损害股东利益的管理决策。Vafeas（2003）借鉴了管理层友好性假说，提出任职时间较长的董事更可能与管理层交朋友，而更不可能监督管理者，其中部分原因在于任期较长的董事更不容易被其他公司雇用。同样，任职时间较长的审计委员会成员可能与管理层建立更牢固的联系，因此可能不愿意就有关财务报表的问题表达不同意见，甚至在管理层与审计师出现意见分歧时偏向管理层。相比之下，任期较短的审计委员会成员可能有动机通过对管理层进行独立监督，向市场展示自己的声誉，从而获得更多的董事会席位。Sharma 和 Iselin（2012）通过经验证据发现独立审计委员会成员的任期与财务错报之间存在显著的正相关关系，这表明任期较长的审计委员会成员可能无法进行独立判断。

由此看来，长期任职的审计委员会成员可能会与管理层产生友好关系，因而不能行使独立、客观的监督。较短的任期可能也会存在问题，尤其是在审计委员会的职责扩大之后，监督过程中需要更多的公司特定知识，任期较短的审计委员会成员可能对公司没有足够的了解来支撑其履职。因而，审计委员会成员的任期对履职效率的影响并未形成定论。

（五）多董事任职

在《SOX 法案》之后，对审计委员会的监管改革极大地扩大了审计委员会的职责和审查范围，公众对审计委员会的预期也越发提高，受法规和社会期望的驱使，审计委员会的工作量显著增加。在此背景下，有文献关注到审计委员会成员在多个董事会任职是否会影响审计委员会的履职效率。

随着审计委员责任的增加，也给任职的审计委员会董事带来巨大的声誉和诉讼风险，审计委员会成员需要更加勤勉和谨慎地审查管理层和公司的活动，如财务报告问题、内部控制、审计师的选择、审计和非审计费用的确定、审计独立性的评估以及内部审计工作的审查。不仅如此，审计委员会受到监管机构、投资者和其他资本市场参与者的严格监督，对审计委员会的履职完成时间的要求也越来越高。因此，审计委员会在同时担任多个董事会成员时，可能会承担过多的责任，超过其有限的信息处理能力，从而影响到他们对管理层的监督效率。Sharma 和 Iselin（2012）就探讨了审计委员会成员担任多董事职位与财务错报之间的关系。结果显示，在《SOX 法案》后多董事职位与财务错报之间存在显著的正相关关系，这一发现表明，在多个董事会任职的审计委员会成员的精力可能过于分散，无法有效履行监督职责。

另一种观点则认为，多重董事会服务为董事提供了更丰富的治理经验，这样的董事可能会获得管理层更大的尊重，在确保与内部、外部审计师之间通畅、清晰的沟通方面发挥更好的效力。因此，这些审计委员会成员往往被认为为董事会带来了高质量的监控、战略知识和资源，由此也会收到更多的任命邀请。与该观点一致，Sharma 等（2019）发现公司权益成本与审计委员会董事同时在多个审计委员会（ACNUM）任职之间存在显著的负相关关系。但是，这一关联不是线性的，而且当非退休董事的 ACNUM 为 1.50 时，权益成本开始增加，而退休董事 ACNUM 为 3.50 时权益成本开始增加。这种负相关关系在公司的信息环境较强时更为明显。这表明在不削弱董事有效履行治理职责能力的前提下，投资者对审计委员会董事为多个审计委员会提供服务的感知是积极的。类似地，Omer等（2019）建立了公司间的董事网络，考察网络内部审计委员会的关联性与财务报告质量的关系，研究发现公司间较高的审计委员会成员联系程度，平均加强了其对财务报告流程的监督，降低了错报发生的可能性以及错报期限，支持了不同公司董事间的信息流对公司治理的促进作用。

以上讨论的是审计委员会成员在多个董事会任职对履职效率的影响，除此之外，还有一种交叉任职方式是在同一公司内多个专门委员会任职。邓晓岚等（2014）对审计委员会与薪酬委员会的交叠任职现象进行了分析，研究发现审计委员会与薪酬委员会的职位交叠程度越高，公司的盈余管理就越严，尤其当管理层对薪酬的辩护需求较强时，管理层与这两个委员会交叉任职的董事合谋来操纵盈余的动机更强。

（六）其他特征

地位是个体基于感知的技能、素质和个人属性而影响结果的能力，地位高的人被认为有更高的能力、掌握更多的权力和获得更好的信息。由于审计委员会与管理层立场的不同，在审计委员会监督的过程中很可能会产生利益冲突，管理者因各种诱因会有操纵盈余的动机，而当财务报告出现问题时，审计委员会出于监督立场有动机限制机会主义的财务报告，此时只有当审计委员会具有较高的地位，才能有能力限制管理层的机会主义行为。原因至少有两个：第一，较高的地位使得审计委员会更有权威性，获得管理层的尊重，对管理层的顺从程度更低；第二，较高的地位赋予审计委员会更大的能力和权力来获取更全面的信息，以监督和审查潜在的问题。Badolato等（2014）在对审计委员会特征与公司盈余管理行为的关系进行检验时发现，虽然审计委员会的财务专业提供了提高财务报告质量所需的知识，但它可能不足以阻止违规行为，只有当审计委员会的地位足以支撑其威慑作用时，才能约束管理层的盈余管理行为，发挥出应有的监督效果。

此外，在审计委员会履职效率的影响因素的研究中，越来越多的成员特征属性被挖掘和分析。例如，在审计委员会的监督活动中，召集人担任着关键角色，其在审计委员会履职效果中的作用至关重要。对此，已有文献表明主任委员会本地化、教育程度、影响力特征能够促进审计委员会抑制盈余管理、提高内部控制质量，实现审计委员会的有效监督（谢德仁和汤晓燕，2012；向锐和杨雅婷，2016；潘珺和余玉苗，2017；向锐等，2017）。有心理学研究表明，相比于男性，女性在态度和行为方面更加具有道德感且更加谨慎。向锐和杨雅婷（2016）对审计委员会女性董事的研究发现，女性董事与审计定价负相关，且在"四大"与审计定价之间正相关的前提下，审计委员会女性董事削弱了这种关系，即降低了审计溢价。可见，关于审计委员会各种特征属性对其履职效率的影响，还在不断地探索研究中。

二、内外部治理环境

随着审计委员会制度的发展与实践问题的复杂化，关于审计委员会效率的研究不再仅限于审计委员会内部特征，研究学者逐渐将视野扩展到公司内外部治理环境对审计委员会监督效应的影响。

（一）内部治理因素

审计委员会作为内部监督机制，在改善公司治理的同时，其履职效率也必然受到所处的公司治理环境的影响，首先就是审计委员会成员的初始任命机制，这在一定程度上决定了后期审计委员会的监督质量。自 1999 年蓝带委员会和 2002 年《SOX 法案》对审计委员会的成员董事标准做出要求后，就限制了内部董事和灰色董事进入审计委员会。目前主要的证券交易所要求公司建立一个独立的提名委员会，负责选择董事候选人，或者将这个过程委托给整个董事会的独立成员，实现审计委员会的独立标准。但是实际执行的任命机制可能并不能保证这一点，Carcello 等（2011）发现如果在审计委员会任命的过程中，CEO 参与了遴选过程，将会减少审计委员会独立性、专业性特征带来的监督利益，而当 CEO 不参与董事选择过程时，审计委员会的专业性等特征才会降低与财务报告重述相关的负面股票市场反应。

人的行为受利益的驱动和影响，在审计委员会履职的过程中，进一步影响其行为的因素可能就是薪酬激励机制。Magilke 等（2009）发现获得当前基于股票的薪酬的审计委员会成员更偏向于激进的报告，获得未来基于股票的薪酬的审计委员会成员更偏向于保守的报告，而不接受股权薪酬的审计委员会成员对于报告的态度最为客观。不仅如此，Archambeault 等（2008）发现，无论是短期股票期权激励还是长期股票期权激励，实证结果都显示与财务重述正相关，因此何种薪酬激励机制能够促进审计委员会的监督效率可能还有待考证。除了审计委员会自身薪酬的利益驱动，管理层的薪酬激励也会通过影响管理层的行为，进而影响审计委员会的履职。张川和黄夏燕（2018）在近期的研究中表明，当管理层与审计委员会的利益与职责产生冲突时，管理层出于谋取私人利益的动机可能会做出损害股东与公司的利益，并对审计委员会的监督加以阻碍而进行掩饰，相反，有效的管理层激励可以趋同管理层与股东的利益，而减少对审计委员会履职权力的侵蚀，使得审计委员会能够正常地发挥监督效力。

此外，公司的股权结构问题（如一股独大）、终极产权性质等因素可能也会影响审计委员会的监督效应（鄢志娟等，2012；向锐，2012）。

（二）外部环境因素

除了内部治理因素，外部对会计、审计监管环境的变化，也会改变审计委员会的履职方式，以适应环境变化和职责要求，保证履职效率。例如，各会计丑闻事件的发生，不仅导致了加强审计委员会对公司财务报告监督的监管措施的出台，同时也引发了人们对公认会计原则导向问题的议论。基于该背景，Agoglia等（2011）通过对基于原则导向会计准则和基于规则导向会计准则下的财务报告进行比较，分析审计委员会的履职差异。结果发现，在基于规则导向会计准则的标准下，管理层更可能提供激进的财务报告，而审计委员会的监督会通过抑制管理层对准则的机会性应用来降低这种激进报告的概率，相反，在基于原则导向的会计准则下，管理层提供激进财务报告的可能性较低，同时审计委员会的监督效果也不太明显。

审计委员会对审计师的监督中也出现了一些外部因素的变化。随着审计环境的改变，人们建议需要改变针对审计师的监管框架，包括引入审计判断规则（Audit Judgment Rule，AJR），并相应地使用更具创新性的审计程序，根据该规则，法院和检查人员将不会对审计人员基于善意和严格方式做出的判断进行事后猜测。这些变化受到了一些利益相关者的批评，他们认为这些变化可能会减少审计委员会对关键问题的探究，给审计委员会的监督过程带来负面影响。鉴于此，Kang等（2015）研究了该规则变化对审计委员会成员的怀疑态度的潜在影响，发现审计委员会在监督过程中所提出的问题数量和探究水平没有产生差异。这些结论在一定程度上表明审计委员会能够根据外部监督环境的变化调整自身的履职方式，并继续保证财务报告信息质量相关事项的监督。

此外，相对完善的外部治理环境如市场化程度较高、投资者法律保护程度较好的地区，对应的政策和制度机制较为健全，能够给上市公司的生产经营和信息披露营造合法、合规的外部环境，有助于审计委员会的履职和监督效用的发挥（张世鹏等，2013；刘彬，2014）。

第三节　审计委员会信息披露

从前两节的文献回顾可以看出，已有大量文献研究了审计委员会在财务报告、外部审计师、公司治理等方面的作用，并从审计委员会特征属性、内外部环境等角度对履职效率的影响因素进行了讨论，但鲜有文献关注到审计委员会的监督过程及相关信息披露对履职效果的影响。自 2002 年美国国会颁布了《SOX 法案》，授权审计委员会直接负责公司外部审计师的任命、薪酬、监督等工作，大大增强了审计委员会对公司财务报告和外部审计的监督治理作用，且随着时间的推移，公众对审计委员会监督作用的期望不断提高。然而，目前对于审计委员会的披露要求集中于 1999 年蓝带委员会的披露建议中，不仅没有反映出审计委员会职责范围的扩大，关于审计委员会如何履行监督职责的细节亦甚少为人所知，因为审计委员会披露的有关其活动的信息并不能反映审计委员会多年来承担的责任和履职的过程。因此，加之近年来频发的财务舞弊和审计失败案件，加剧了公众对审计委员会履职效率的质疑。

公开披露是审计委员会向投资者和其他利益相关者报告其关键作用并展示其履行职责有效性的主要渠道。为了回应各利益相关者对更多审计委员会履职信息的呼吁，SEC 于 2015 年发布了题为 *Possible Revisions to Audit Committee Disclosure* 的概念公告，寻求审计委员会披露规则可能的变化，以及这些变化可能带来的影响的评论，从而考虑是否强制要求所有上市公司提供更多关于审计委员会活动的信息，提高审计委员会的透明度。目前还未实施相应的规则要求，但是一些上市公司的审计委员会已采取措施，自愿在报告中披露更多关于其监督活动的信息。针对这一现象和问题，已有学者进行了相关的讨论。

Draeger 等（2018）对 2004~2015 年美国上市公司发布的 35000 多份审计委员会报告的披露特征和时间趋势进行了大规模的文本分析，通过检索报告中的关键词或词语确定审计委员会监督财务报告过程的披露程度。分析结果发现，随着时间的推移，审计委员会自愿披露的履职关键信息与额外信息越来越少。尽管许多审计委员会报告所披露的信息超出了强制性要求，且不同的审计委员会自愿性披露以及他们如何履行审计师监督活动和财务报告监督角色方面存在一些差异，但大多数披露仍是样板文件。除此之外，Draeger 等（2018）的研究中没有发现证据表明股东对审计委员会成员的投票受到审计委员会报告披露程度的影响，因此得出有必要提高审计委员会报告披露有效性的结论。与 Draeger 等的研究结果相似，Sahyoun 和 Magnan（2020）分析了 2006~2015 年的审计委员会报告，研究发现审计委员会报告中的自愿披露水平没有显著增加。对于银行复杂的经营环境和资产负债估值的相对不透明，审计委员会报告中不仅没有有效传递监督财务报告活动的信息，反而在银行存在盈余管理行为时增加自愿披露。这似乎表明审计委员会并未对管理层进行监督，而是试图使用自愿披露作为印象管理的工具。如此看来，目前上市公司审计委员会提供的额外自愿披露，似乎并未提高审计委员会报告的信息含量。

然而，关于审计委员会自愿额外披露的看法也并非完全一致。Bratten 等（2018）从审计质量与审计分析中心（Center for Audit Quality and Audit Analytics）获取了审计委员会监督披露数据集，衡量审计委员会监督外部审计的程度。研究结果与 Draeger 等（2018）以及 Sahyoun 和 Magnan（2020）的结论不同，Bratten 等（2018）发现，通过自愿披露信息衡量的监督外部审计师的程度越高，公司的财务报告质量越好，而且投资者对审计委员会披露的信息表现出积极的反应，表明这些自愿披露报告具有参考价值。同样，与 Bratten 等（2018）的结论性质相似，Ye（2018）从审计委员会提供自愿披露的动机视角发现，审计委员会自愿披露的信息并不是无用的，在拥有更长的审计师任期和更高的审计费用的公司中，更有可能自愿披露审计委员会的活动，审计委员会可能试图通过更多的自愿披露来减轻股东对审计师任期较长和审计费用总额较高的负面印象。不仅如此，当审计委员会在报告中说明外部审计师监督相关的信息，如审计师任期、审计委员会在任命外部审计师时的考虑因素、审计师的费用变化等时，会降低股东在审计委员会董事提名时投反对票的可能性。因此，与 Draeger 等（2018）的结论不同，审计委员会自愿披露的内容和程度，尤其是审计师的任期和与审计师沟通等重要领域的披露，会对股东投票决定有关审计委员会成员的选举产生影响。

不只是学术界，同时更有一些其他机构对审计委员会信息披露的发展变化进行了调查分析。自 2014 年，审计质量中心（Center for Audit Quality，CAQ）与审计分析中心（Audit Analytics，AA）进行了一项审计委员会对外部审计师监督活动的披露衡量工作，在 2016 年的《审计委员会透明度晴雨表》（*Audit Committee Transparency Barometer*）分析报告中显示，审计委员会关于外部审计监督的几个关键领域的自愿性披露总体上呈现出增长趋势，包括审计师的任命、审计师任期、审计合伙人的选择及评估标准等方面，审计委员会正通过自愿披露为市场、投资者、监管者及其他利益相关者提供更有意义的信息，来回应公众日益增长的信息需求。此外，报告中列举了审计委员会的披露实践，表明审计委员会会根据公司的具体情况调整披露，而非提供样板披露。安永会计师事务所在 2015 年 *Enhancing Audit Committee Transparency* 的分析报告中对澳大利亚、加拿大、新加坡、英国和美国五个国家的审计委员会披露情况进行了对比分析，数据结果显示审计委员会正在提供更多有关外部审计师监督工作的信息，但是不同的审计委员会间的披露存在显著差异。尽管如此，审计委员会监督信息披露整体上依然呈现逐年增长的趋势，如 2018 年，71% 的公司披露了审计师的任期，在 2017 年和 2012 年这一比例分别为 64% 和 25%；62% 的公司披露了审计委员会对外部审计师资格和质量评估时所考虑的因素，2017 年和 2012 年的比例分别为 58% 和 18%；89% 的公司披露了审计委员会在评估审计师独立性时考虑非审计费用和服务，2017 年和 2012 年的比例分别为 86% 和 12%；44% 的公司对支付给外部审计师的费用变动做出了解释，而在 2012 年这一比例只有 10%。显然，即使不同的审计委员会间存在披露差异，但是整体上的披露程度是大幅增加的。

因此，从上述有关审计委员会信息披露的调查和研究来看，目前对于审计委员会自愿性披露的信息有效性的结论并不一致，积极的观点表示审计委员会通过自愿性披露传递更多的信息来表示已经履行的责任，并影响投资者决策，但消极的观点则表示审计委员会的自愿性披露更倾向于样板披露，而非关键的履职信息。相同的是这些文献都得出了当前审计委员会的信息披露不能充分满足投资者需求的结论，而对于提高审计委员会信息披露是否影响其履职效果则没有相关的进一步讨论。对于 SEC 强制性增加审计委员会信息披露要求，以提高审计委员会透明度的考虑，实务界也是持两种观点，支持者认为披露的增加将使投资者对审计委员会的责任和履职过程有更深入的了解，反过来投资者亦根据这些信息评估审计委员会的绩效并做出进一步的投资或投票决策。不仅如此，强制性要求下的披露可能会增加不同审计委员会报告间的信息可比性。但是，反对者则对额外信息的有用性提出了质疑，理由是投资者可能无法从冗长的报告中提炼有用信息，而且不同的履职情况需要在不同的公司环境中进行解读，在不了解整体环境的情况下投资者可能对审计委员会的某些履职信息做出误判，反而不利于审计委员会的有效履职。

具体地，关于审计委员会披露与履职效率的关系，国际会计师联合会（International Federation of Accountants，IFAC）在 2019 年发布的报告中表示，提高审计委员会效率至关重要的是增加审计委员会如何履行职责的透明度，使利益相关者能够明智地评估其绩效，从而推动审计委员会的有效履职。在《SOX 法案》实施初期，有文献对于审计委员会的披露要求及执行情况进行了调查，发现总体上审计委员会的报告符合 SEC 的强制性披露要求，但是许多公司也是仅仅满足了最低的披露要求（Pandit et al.，2006）。然而，随着审计委员会职责的增加以及公司治理环境的变化，审计委员会相应的履职披露情况并未发生转变，Draeger 等（2018）的分析结果显示，迄今为止审计委员会对 SEC 的强制披露要求完成度依然较高，总体披露率超过 96%，而且有 68% 的审计委员会在报告中至少披露了蓝带委员会 1999 年八项建议披露中的一项。结合审计委员会自愿披露情况的不确定性，这些结论可能在一定程度上说明增加审计委员会披露的强制性要求是有必要的。但是，若强制性增加审计委员会的信息披露，会如何影响审计委员会的履职效率，仍然是一个经验问题。

相比国外研究，国内关于审计委员会信息披露的研究较少。2007 年 12 月，中国证监会发布《公开发行证券的公司信息披露内容与格式准则第 2 号〈年度报告的内容与格式〉》，首次要求上市公司在年度报告中披露董事会下设的审计委员会的履职情况汇总报告。在该政策实施后，深圳证券交易所对深市主板公司 2007 年年度报告中披露的审计委员会情况进行了分析①，统计结果显示，就审计委员会的设立与组成而言，91.80% 的公司设立了审计委员会，这其中有 98.44% 的公司审计委员会的召集人为独立董事，且独立董事的平均占比超过 50%。同样地，上海证券交易所对沪市 2007 年年报中的审计委员会披露情况进行了统计②，95% 的公司设立了审计委员会，其中独立董事超过半数并担任审计委员会召集人的公司占比 90%；在履职情况方面，通过将披露的审计委员会工作结果分条细化，报告中分析沪市公司基本上均已按规定要求履行了相关职责，尤其是金融类上市公司。因此，从两个交易所的分析报告中似乎可以看出，上市公司已设立符合标准的审计委员会机构，并按照准则要求对其相关履职情况进行了披露。

与两个交易所分析报告结论不同，潘秀丽（2009）以上市银行为例对我国上市公司审计委员会信息披露情况进行了分析，总体来看，我国上市公司对审计委

---

① 参见深圳证券交易所官方网站。
② 参见上海证券交易所官方网站。

员会的信息披露并不充分，且不同的公司间存在较大的差别，更重要的是缺少对审计委员会履职活动的说明。吴溪等（2011）也对 2007 年年度报告中披露的审计委员会履职信息进行了整理和分析，发现审计委员会对于财务报告审阅的时间投入普遍很少，与审计师的沟通内容的描述过于样板化，相应地，对审计委员会在对财务报告监督、审计师沟通中是否能够起到实质作用提出了质疑，不仅如此，以往用于反映审计委员会职能的特征属性变量，是否能够有效衡量审计委员会的履职效率也值得商榷，有关审计委员会履职活动的信息可能才是研究审计委员会效率的基础。

第四节　文献述评

本章对国内外审计委员会的研究文献进行了综述，总体上国外与国内的审计委员会研究热潮均始于与审计委员会相关的监管改革（美国 1999 年 "蓝带委员会" 与 2002 年《SOX 法案》，我国 2002 年《上市公司治理准则》），并沿着审计委员会的经济后果与履职效率的影响因素两大主题展开。近期，关于审计委员会效率的影响因素的研究中，履职信息透明度的概念出现于人们的视野，并引起了各界的关注。

在对审计委员会经济后果的研究上，国内外文献基于审计委员会的职责框架，集中于审计委员会与财务报告质量、审计委员会与外部审计师等方面进行了讨论。具体地，国外的研究基本上对审计委员会关于财务报告质量和内部控制质量的监督作用提供了支持性的证据，表示其能够在不同程度上抑制管理层的盈余管理、降低企业的异常应计利润、降低企业财务报告重述可能并提高重述披露的及时性，同时也能够提高报告中文本描述的准确性；降低内部控制重大缺陷发生的可能性，并进一步提高内控缺陷修复的及时性。国内的部分学者也得出了类似的结论，但不同的是，有部分文献否认了审计委员会的有效性，发现审计委员会的设立并未提高会计信息质量和内部控制质量。这其中的原因可能在于，相较于西方国家的发展成熟的制度，我国引入审计委员会制度较晚，尤其在设立之初多是出于外部监管的压力，导致审计委员会在履职过程中，自身并不能占据主导地位，加之我国作为新兴资本市场，公司内外部治理机制的不完善也给审计委员会关于财务信息和内部控制的监督带来了阻碍。在对外部审计师的监督方面，已有经验证据表明审计委员会能够提高审计费用、降低非审计费用，从经济上保证审计师的工作量和独立性，并且能够在审计师与管理层的分歧中给审计师提供更多的支持。然而，这也并不是绝对的，同样有文献提出审计委员会并未减少审计师变更，甚至降低了不利审计意见的出具。总体上，有关审计委员会经济后果的文献研究大致呈现两个特点：一是关于审计委员会经济后果的视角多集中于其主要职责，对于其衍生的治理效应涉猎较少；二是目前对于审计委员会有效性的讨论仍存有争议，这也证实了有必要对审计委员会的效率影响因素做进一步讨论。

对于审计委员会效率的影响因素，相关文献多集中于审计委员会的特征属性方面，有小部分文献对于内部外环境因素进行了讨论。早期的一些关于审计委员会特征的文献主要基于成员组成监管要求讨论对审计委员会履职效率的影响，如以独立董事比例、财务专家比例、会议召开次数来衡量审计委员会的独立性、专业性和勤勉度等。然而，随着研究的深入，有学者逐渐挖掘出这些特征背后隐藏的一些现象，如看似独立的审计委员会成员，实则与管理层或外部审计师存在私人的社会关系，或通过长期任职建立了友谊关系，而这种联系导致了审计委员会并非实质独立，影响了对管理层和审计师的监督。随着经济环境和公司财务运营模式更加复杂化，审计委员会的监督履职不再是仅仅需要财务专业知识，甚至仅具备财务专业知识会给审计委员会的判断带来局限性，因此逐渐有文献挖掘审计委员会成员的信息技术、金融、管理、法律等其他方面的专业知识，对审计委员会群体决策的影响。同样，对于其他影响因素，如审计委员会的勤勉度、任期、多董事任职等特征，以及公司的董事任命制度、薪酬激励机制也出现不同的结论。显然，随着数据可获取性的增强，依赖更广泛的数据信息弥补了早期的研究缺陷，同时挖掘出了更多的影响因素。但是，由于我国的这些因素信息披露得不充分，对于研究结论的经验证据有待进一步挖掘和完善，这需要更多关于审计委员会的信息披露。

对于审计委员会的效率问题仍在讨论，有机构指出，提高审计委员会效率的关键要素就是提高审计委员会的信息透明度，为回应利益相关者对审计委员会履职信息需求的呼吁，监管者提出了是否增强审计委员会履职信息披露的强制要求。针对这一情况，学术界和一些国际公司与相关机构对审计委员会信息披露的变化进行了调查研究，发现越来越多的企业自愿提供当前要求之外的额外披露，但是对于自愿披露的信息含量看法并不一致。有观点认为目前审计委员会的自愿披露为利益相关者提供了更多有意义的信息，投资者和市场也对这些信息做出了积极反应，然而另一种观点认为，审计委员会自愿披露的更多的是一些样板文件，而履职关键信息并没有增加，反而有减少的趋势。相同的是这些研究均传递出了一个信号，就是目前的审计委员会报告信息不足以满足利益相关者的需求，也不能支撑投资者客观地评价审计委员会的履职效率，同时结合企业对现有披露要求的高度执行度，或许提高审计委员会的强制披露要求是可行的。然而，这一举措在实务界中却没有那么受待见，不少治理层和管理层对此颇有微词，认为更多的履职信息的披露牵绊了他们的行为，导致其监管活动无法正常进行。那么若通过强制要求审计委员会披露履职信息来提高审计委员会的透明度会带来什么样的影响，似乎鲜有文献对其进行讨论，本书则对这一问题进行实证研究。

第四章 审计委员会透明度与会计信息质量

从审计委员会设立的初衷来看，其核心职能在于监控财务报告的编制过程，保证财务报告的生成与披露质量。因此，提高审计委员会透明度后最直接影响的就是会计信息质量。本章利用上交所 2013 年关于审计委员会履职信息强制披露的准自然实验，以会计信息质量为视角检验提高审计委员会透明度的收益。研究发现：审计委员会透明度的提高显著提升了企业会计信息质量，且该效应在错报风险和代理成本较高的公司中更加显著；进一步地，审计委员会透明度的提高通过促进审计委员会的履职有效性，进而提高了企业会计信息质量。本章研究结论从会计信息质量视角证实了审计委员会透明度的收益，为各国正在探索的审计委员会透明度监管改革提供了支持性的经验证据。

第一节 引 言

审计委员会作为企业财务报告的最后一道防线，自 20 世纪 30 年代问世以来便被监管机构、市场投资者及其他利益相关者寄予厚望（Krishnan et al.，2011）。为此，蓝带委员会（BRC）于 1999 年 2 月发布了有关提高公司审计委员会效率的报告，2002 年美国将审计委员会制度纳入《SOX 法案》，进一步明确了审计委员会在公司治理中对于财务报告的监督作用。然而，近年来全球范围内频繁发生的各类财务舞弊事件表明，审计委员会并未充分发挥预期的治理监督作用，这也引起了公众对于审计委员会的深度质疑，其中一个重要的原因是人们对于审计委员会是否履职以及如何履职几乎一无所知。2013 年，美国证券交易委员会（United States Securities and Exchange Commission）主席 White 和总会计师 Beswick 均在公开场合表示，美国现有对于审计委员会的披露要求已无法满足投资者需要，是时候做出改变。国际四大会计师事务所之一的安永会计师事务所也在 2015 年一份关于上市公司审计委员会的分析报告中指出，面对审计委员会的低透明度与公众日益增长的信息需求间的矛盾，众多企业正在通过加强自愿披露来满足投资者的信息需求、缓解公众对他们的信任危机。不仅如此，越来越多的国家和地区的监管机构也开始尝试推动提高审计委员会透明度的信息披露改革：美国 SEC 于 2015 年发布了关于加强审计委员会透明度的概念公告，征求公众对于审计委员会信息披露改革的意见或建议；澳大利亚、欧盟等国家和地区也都在积极修正现有规则，寻求审计委员会透明度的改革。

然而，有关审计委员会信息披露的管制却引起了诸多争议，其中争议的焦点在于提高审计委员会透明度带来的收益是否能够覆盖其成本。部分支持者认为，提高审计委员会透明度能够强化审计委员会责任感、提高审计委员会独立性等，从而使审计委员会更为有效地监督履职，尤其强制导向下进行的披露信息作为一种有效的非财务信息沟通渠道，对于缓解信息不对称具有积极作用（Reid et al.，2019；钟马和徐光华，2017）。反对者则提出，提高审计委员会透明度带来的成本远远超过了收益，如投资者在不了解特定背景的情况下对披露信息的错误推断、分散审计委员会的时间与精力、过多披露带来的潜在诉讼风险、抑制审计委员会与审计师、管理层之间的信息沟通等，都会严重影响审计委员会的履职效果。然而，上述问题目前仍未取得一致意见，现有文献也缺乏关于审计委员会透明度经济后果的明确经验证据。

从现有关于审计委员会的文献来看，相关研究主要围绕审计委员会的设立及特征展开讨论。例如，审计委员会的设立对于财务报告质量、审计独立性与审计质量、内部控制和代理成本等方面的影响（Carcello et al.，2011；DeFond et al.，2005；吴清华等，2006；Lnnox and Rark，2007；Goh，2009；夏文贤，2005）。同时，也包括审计委员会特征的影响，如独立性和专业性（He et al.，2017；Kim and Klein，2017；DeFond et al.，2005；赵放等，2017）等。此外，审计委员会的履职效果也受到激励机制、治理结构、外部政治经济环境等因素的影响（Engel et al.，2010；李云等，2017；张世鹏等，2013）。然而，鲜有文献讨论审计委员会的信息披露问题以及信息披露如何影响审计委员会的履职效果，无法回应上述审计委员会透明度改革的争议。

2013 年,《上海证券交易所上市公司董事会审计委员会运作指引》发布,要求上市公司在披露审计委员会基本情况的基础上,进一步披露年度履职情况以及履职过程中发现的重大问题等相关信息。该指引的出台,显著改善了上交所上市公司审计委员会的履职信息披露,在一定程度上实现了提高审计委员会透明度的实践,同时也为我们提供了一个考察提高审计委员会透明度经济后果的准自然实验。从审计委员会设立的初衷来看,其核心职能在于监督财务报告的编制过程与披露,保证财务报告质量。因此,提高审计委员会透明度最为直接的影响就是会计信息质量。基于此,本书选取 2008~2017 年 A 股上市公司为研究对象,基于2013 年上交所审计委员会履职信息强制披露要求的准自然实验,以会计信息质量作为切入点,构建双重差分模型,考察审计委员会透明度提高所带来的经济后果。研究发现,审计委员会透明度的提高显著提升了企业会计信息质量,且该效应在错报风险和代理成本较高的公司中更加显著;进一步地,审计委员会透明度的提高通过促进审计委员会的履职有效性,进而提高了企业会计信息质量。

本章的创新与贡献主要在于:第一,从会计信息质量视角为各利益相关者关于提高审计委员会透明度的影响的讨论提供了经验证据。基于审计委员会监管政策,本章实证检验表明了增强审计委员会履职信息的披露对企业会计信息质量的促进作用,支持了审计委员会履职过程透明度变革的收益。第二,补充了关于企业会计信息质量影响因素的文献。会计信息作为利益相关者做出决策所依据的最直接、最重要的信息,其质量一直以来是研究者关注的焦点。围绕会计信息质量的影响机制,已有大量的文献从公司的内外部各种视角进行了探索,其中也包括审计委员会的设立与特征的相关因素。当然,目前关于审计委员会对会计信息质量监督效用的研究结论也并非一致,本章则从审计委员会履职过程信息披露的视角为审计委员会与会计信息质量的影响关系提供新的经验证据。第三,本章以监管政策为基础的准自然实验设计,缓解了审计委员会、会计信息质量相关研究中的内生性问题。审计委员会作为内部的信息监督机制,其组成结构可能是内生决定的,事前治理环境与信息质量相似的公司可能会选择相似的审计委员会,因此观察到的关联或非关联结果可能受到反向因果关系的影响(Chang et al.,2017),这可能也是已有文献对于审计委员会与信息质量的有效性等研究得出混杂结论的原因。第四,本章的政策含义在于,审计委员会的履职有效性需要外部监管的积极推动,本章的研究结果为我国监管者对审计委员会的改革提供了一定的经验证据支撑。

第二节　制度背景与研究假设

一、制度背景

20世纪末，为回应公众对公司财务监督的呼吁，监管机构加大了对公司审计委员会机制的监督和完善，明确其职责范围与履职要求，希望审计委员会能够进行有效监督以减少公司财务舞弊。为寻求财务报告的完整性与可靠性，美国专门成立蓝带委员会，针对强化审计委员会在监督财务报告过程中的地位和职责进行研究，并在《SOX法案》中继续强调了审计委员会在确保财务报告质量中的重要作用。因此，基于审计委员会设立的初衷与职责设定，其履职监督的最根本目标就是保证公司财务报告质量，各学者也由此开启了相关的研究。已有文献研究基于盈余管理、应计质量、重述等定量方式为审计委员会在财务报告质量监督方面提供了支持性证据（Carcello et al.，2011；DeFond et al.，2005；吴清华等，2006；杨忠莲和杨振慧，2006），但是关于审计委员会对财务报告监督效果的研究结论并不是完全一致的，有文献发现审计委员会未能真正降低公司的财务违规操作甚至财务舞弊的概率，亦没有发挥出监督公司财务安全的作用（谢永珍，2006；王雄元和管考磊，2006）。

由此产生的问题是，在众多财务舞弊发生和公众不断质疑的背景下，如何提高审计委员会履职的有效性，从而缓解投资者的疑虑、增强其对审计委员会的信心？2013年，美国证券交易委员会（United States Securities and Exchange Commission）主席White和总会计师Beswick表示，美国现有对于审计委员会的披露要求已无法满足投资者需要，是时候做出改变。与此同时，美国利益相关者也表示需要额外和更有价值的审计委员会披露[①]。提高审计委员会透明度是保证审计委员会独立性、向投资者和其他利益相关者传递其关键作用、证明其履职有效性的主要途径。美国SEC于2015年发布了题为 *Possible Revisions to Audit Committee Disclosure* 的概念公告以征求公众对于审计委员会信息披露改革的意见或建议，期望

---

① 2013年3月21~22日，ACLN和EACLN（Audit Committee Leadership Networks in North America and Europe）的成员在华盛顿举办第八届峰会，比较了不同司法管辖区的审计委员会报告，探讨加强报告的可能性，以增加与投资者和其他利益相关者的沟通和透明度。

给投资者和其他利益相关者提供更多有关审计委员会及其履职的信息。除美国外，其他国家和地区的监管机构和交易所也在积极寻求审计委员会透明度的改变：英国早在 2012 年就提出在年度报告中单独描述审计委员会的履职，并发布《审计委员会指引》提供披露指导；澳大利亚于 2014 年更新了公司治理准则，增加上市公司提供与审计委员会相关事项的解释说明的鼓励性要求；欧盟于 2014 年采用了新修订的《法定审计指南》（Directive on Statutory Audits），在该指南中增加了审计委员会的披露责任；新加坡交易所于 2015 年 2 月发布了一份披露指南，强调公司需要避免"样板"陈述并在披露中提供有意义的信息。但是这场关于审计委员会透明度的重大变革能否促进审计委员会履职的有效性还尚未有定论，其成本与收益也引起了社会各界的诸多争议。

2013 年，我国上交所发布了《上海证券交易所上市公司董事会审计委员会运作指引》。该指引除对审计委员会的设置、人员构成、职责等做了全面的说明与规定外，主要对信息披露问题做出进一步规定，包括：①审计委员会年度履职情况和会议召开情况；②审计委员会履职过程中发现的重大问题，上市公司须及时披露该等事项及其整改情况；③审计委员会就其职责范围内事项向上市公司董事会提出审议意见，董事会未采纳的，上市公司须披露该事项并充分说明理由；④审计委员会就上市公司重大事项出具的专项意见。相比之前对审计委员会的披露，该指引的要求一方面改变了审计委员会信息的披露方式，将审计委员会相关信息形成独立报告，而非包含在年报等其他信息文件中，使投资者能够直接获取审计委员会的履职信息；另一方面该指引通过对信息披露内容的具体规定，极大地提高了审计委员会履职过程的信息透明度。其中，审计委员会履职和会议情况信息披露，能够通过外部的监督保证审计委员会按照规定履行基本的职责，不仅如此，有关履职和会议情况的详细披露，如针对公司特有的内部控制或外部审计监督程序、会议议案内容及意见等，能够向外界传递审计委员会的履职范围、勤勉程度。审计委员会履职过程中发现的重大问题及其公司整改情况的披露，增加审计委员会的怀疑态度以及对财务报告过程中重要领域的关注，同时促进了审计委员会对上市公司整改的监督，提高其履职有效性。然而董事会未采纳意见和重大事项专项意见的披露，有利于外部投资者客观、准确地评价审计委员会履职有效性，这在一定程度上降低了审计委员会的诉讼风险，从而强化审计委员会客观、勤勉履职的动机，使审计委员会的行为符合其企业监督的角色。通过该指引要求的披露信息，仍不能完全清楚地了解审计委员会的履职过程。

二、研究假设

作为公司重要的治理机制，审计委员会自问世以来便被监管机构、市场投资者及其他利益相关者寄予厚望，学术界也因此围绕审计委员会的设立及特征展开深入研究。例如，审计委员会的设立对于财务报告质量，如盈余管理程度、违规信息披露与财务舞弊等（Defond and Jiambalvo，1991；Carcello et al.，2011）；外部审计师的独立性与审计质量（Lennox and Park，2007）；内部控制的建立与完善（Goh，2009）；代理成本等方面的影响（夏文贤，2005）。同时，也包括审计委员会特征的影响，如独立性、专业能力、人员特征、勤勉度等（He et al.，2017；Kion and Klein，2017；Lisic et al.，2016；DeFond et al.，2005；Krishnan and Visuanathan，2008；赵放等，2017；孙亮和周琳，2016；谢德仁和汤晓燕，2012；张世鹏等，2013）。此外，审计委员会的履职效果也受到激励机制、治理结构以及外部政治经济环境等因素的影响（Engel et al.，2010；李云等，2017；张世鹏等，2013）。从现有对审计委员会的研究文献来看，焦点多集中在审计委员会的设立与特征，但有文献表明现阶段对于审计委员会的"形式"特征要求并未给投资者带来收益（Kim and Klein，2017）。因此公众更加关注审计委员会的活动和透明度，据此评价审计委员会的独立性和履职有效性，然而鲜有研究讨论审计委员会的信息披露问题以及信息披露如何影响审计委员会的有效性。作为公司重要的治理机制，审计委员会的核心职能在于监督财务报告的编制与披露，因此提高审计委员会信息透明度最为直接的收益就是会计信息质量的提升。

首先，提高审计委员会透明度会加强监管机构、利益相关者对审计委员会的关注，促进审计委员会对财务报告关键领域的监督，提高会计信息质量。《上海证券交易所上市公司董事会审计委员会运作指引》中列明了审计委员会审阅上市公司财务报告并对其发表意见的具体职责，尤其对重大事项及其专项意见的披露要求，会增加审计委员会的怀疑态度以及对财务报告过程中重要领域的关注，提高审计委员会对财务报告信息的监督质量。不仅如此，强化审计委员会披露、提高审计委员会透明度，使投资者更加了解审计委员会及其履职过程，可以增加审计委员会对财务报表使用者的责任。在审计报告的改革中，有研究人员发现在增加关键审计事项披露后，对关键审计事项的结论性评价会增加审计人员感知的审计责任，从而提高审计师的谨慎性与审计质量。因此，提高审计委员会工作透明度，一方面会促进审计委员会对财务报告信息过程的监督，尤其增加对重要领域的关注；另一方面由于专项意见披露的"压力效应"，会提高审计委员会发表意见时的谨慎、客观性，使其真正实现对财务报告相关信息的监督职责。

其次，提高透明度会提高审计委员会与审计师的独立性，增强审计委员会相对于管理层的权力，从而提高审计委员会对财务报告的监督质量。现阶段许多审计委员会似乎是"形式独立"，其背后与高管的社会关系会严重影响其履职独立性，导致审计委员会监督效率降低甚至更多地参与盈余管理等（Bruynseels and Cardinaels，2014；闫伟宸和肖星，2019）；与审计师的社会关系也会严重损害其与审计师的独立性导致审计质量降低，如减少持续经营意见发布或内部控制缺陷报告（He et al.，2017）。因此在提高透明度之后，严格的监管会抑制这种影响独立性的负面行为，进而提高审计委员会与审计师在监督公司财务会计流程方面的有效性，保证会计信息的可靠性。此外，审计委员会的地位与权利也会影响审计委员会对公司违规行为的监督与制止（Badolato et al.，2014）。Lisic 等（2016）认为 CEO 权力减少甚至消除了独立和财务专家委员会成员对审计委员会效率的改善。管理层权力可能会导致审计委员会在形式上看起来有效，但实质上并非如此，赋予审计委员会在报告中披露更多细节的权力，将使他们对管理层有更大的影响力（Reid et al.，2019）。因此，强化审计委员会披露规则，能够提高审计委员会相对于管理人员的权力，保证其更高的独立性，从而更好地履行其监督职责。

最后，提高透明度会增加审计委员会的声誉风险和诉讼风险，这会促使审计委员会更加勤勉、高效地履职，保证公司向投资者传递的会计信息质量。黄海杰等（2016）研究发现会计专业独立董事的声誉对企业盈余质量有着显著的正向影响。与其他独立董事相比，审计委员会对于公司财务报告的编制及披露有更专业的理解，同时也对会计信息质量负有更为直接的责任。如果通过履职信息披露了解到审计委员会没有尽职，更有可能被社会和媒体关注，从而遭受声誉受损带来的重大损失。不仅如此，信息披露监管带来的外部信息环境优化，可能会增加审计委员会的诉讼风险，甚至当公司遭遇财务欺诈诉讼时，股东可能会让一些独立董事承担更多的责任（Brochet and Srinivasan，2014）。出于这种监督及诉讼带来的压力，审计委员会会倾注更多的时间与精力，从而提高会计信息质量。同时，披露重大事项的专项意见也能更好地充当审计委员会的"免责声明"，使之有动机更加尽职尽责。因此，加强信息披露监管、提高审计委员会的透明度后，为降低自身的声誉风险及诉讼风险，审计委员会增强勤勉履职的主动性，降低公司财务和披露欺诈行为，保证公司向利益相关者传递的会计信息的可靠性。

因此提出假设1：在其他条件不变的情况下，审计委员会透明度与会计信息质量正相关。

第三节　研究设计

一、样本选择和数据来源

本章利用2013年发布的《上海证券交易所上市公司董事会审计委员会运作指引》，把要求上市公司强制披露审计委员会信息这一外生冲击作为准自然实验，为保持政策实施前后样本期间一致，选取2008~2017年我国A股上市公司作为研究对象。由于主板上市公司与中小板、创办板公司存在系统性差异，可能影响沪市与深市两组公司信息质量的对比检验结果，因此在样本内对中小板与创业板公司予以剔除。此外，本章进一步剔除金融类企业和相关变量数据缺失的观测值。在此样本基础上，采用倾向得分匹配法（PSM）对沪市主板公司与深市主板公司按照1∶1近邻匹配，最终得到7497个企业年度观测值。本章的审计委员会特征数据、财务数据、公司治理数据均来自CSMAR数据库。为了避免极端值的影响，对模型中的连续变量按照1%进行缩尾处理。

二、模型设定

参考已有文献（Dechow et al.，1995；Lennox and Park，2007；Reid et al.，2019；黄海杰等，2016），本章的待检验模型建立如下：

$$|DA_{it}| = \alpha_0 + \alpha_1 Exchange_{it} + \alpha_2 Post_{it} + \alpha_3 Exchange_{it} \times Post_{it} + Control + \varepsilon_{it} \qquad (4-1)$$

其中，$|DA_{it}|$为会计信息质量，以修正Jones模型计算的操纵性应计的绝对值来衡量，$|DA_{it}|$值越大表明操纵性应计越大、会计信息质量越低；Exchange为股票交易所，如上文分析，上交所在2013年发布的指引，而深交所并不适用，因此如果上市公司所属交易所为上交所，则Exchange变量赋值为1，否则为0（即上交所为Treat组、深交所为Control组）。Post为政策时间变量，如果会计年度为2013年之后（包含2013年），则Post变量赋值为1，否则为0。

结合相关文献，在回归方程（4-1）中，我们还控制了公司规模（Size）、财务杠杆（Lev）、公司成长性（Grow）、总资产回报率（Roa）、公司是否亏损（Loss）、第一大股东持股比例（Top1）、两职合一（Dual）、董事会规模（Brd）、事务所规模（Big 4）、ST 状态（St）等控制变量（详细定义见表4-1）。此外，本章还控制了行业和年度固定效应。其中，系数 α_3 表示 2013 年《上海证券交易所上市公司董事会审计委员会运作指引》的政策效应，如果 α_3 显著小于 0，则接受假设 1，即随着审计委员会透明度提高，会计信息质量上升。

表4-1 变量定义

变量	定义
｜DA｜	会计信息质量，以修正 Jones 模型计算的操纵性应计的绝对值来衡量
Exchange	股票交易所，如果上市公司所属交易所为上交所，则 Exchange 赋值为 1，否则为 0
Post	政策时间变量，如果会计年度 t≥2013，则 Post 赋值为 1，否则为 0
Size	公司规模，等于期末总市值的自然对数
Lev	财务杠杆，等于期末总负债/期末总资产
Grow	公司成长性，等于当期营业收入增长率
Roa	总资产回报率，等于净利润/期末总资产
Loss	是否亏损，如果公司净利润小于 0，则 Loss 赋值为 1，否则为 0
Top1	第一大股东持股比例
Dual	两职合一，如果董事长和总经理为同一人，则 Dual 赋值为 1，否则为 0
Brd	董事会规模，以董事会人数表示
Big 4	事务所规模，如果公司由"四大"审计，则 Big 4 赋值为 1，否则为 0
St	特别处理，如果公司当年处于 ST 状态，则 St 赋值为 1，否则为 0

资料来源：笔者整理。

第四节 实证结果与分析

一、倾向得分匹配法（PSM）结果

为减少样本个体差异带来的估计偏误，文中采用倾向得分匹配法（PSM），对沪市主板公司与深市主板公司进行样本匹配，从而加强审计委员会透明度对会计信息质量的因果效应。与 Dyreng 等（2016）的研究一致，采用 Logit 模型，基于政策实施前一年（2012 年）的上市公司样本，选取 DID 模型（模型 1）中所有公司层面的控制变量和行业哑变量作为匹配因素进行匹配，以此确定实验组（Exchange＝1）和控制组（Exchange＝0）公司，该匹配方式保证了政策实施前后样本公司的一致性，减少政策效应检验中样本层面的潜在干扰因素。表 4-2 显示了实验组和控制组样本在匹配前后的比较结果，可以看出，在匹配前（Panel A）两组公司的各个特征变量均存在显著差异；然而匹配后（Panel B）两组公司在主要公司特征变量上基本不存在显著差异，且两组公司亦不存在系统差异（Pscore 不显著）。

表 4-2　倾向得分匹配法（PSM）结果

Panel A 匹配前					
Variables	Exchange＝0	Mean	Exchange＝1	Mean	Mean Diff
Size	4142	22.429	8669	22.636	−0.207***
Lev	4142	0.474	8669	0.483	−0.009**
Grow	4142	0.258	8669	0.205	0.053***
Roa	4142	0.027	8669	0.031	−0.004***
Loss	4142	0.141	8669	0.114	0.028***
Dual	4142	0.172	8669	0.141	0.031***
Top1	4142	0.337	8669	0.373	−0.036***
Brd	4142	8.973	8669	9.105	−0.133***
Big 4	4142	0.058	8669	0.095	−0.037***
St	4142	0.066	8669	0.046	0.019***

Panel B 匹配后					
Variables	Exchange＝0	Mean	Exchange＝1	Mean	Mean Diff
Size	406	22.138	406	22.052	0.086
Lev	406	0.466	406	0.475	−0.009
Grow	406	0.194	406	0.186	0.009
Roa	406	0.030	406	0.028	0.002
Loss	406	0.111	406	0.116	−0.005
Dual	406	0.167	406	0.165	0.002
Top1	406	0.350	406	0.348	0.003
Brd	406	9.096	406	9.042	0.054

续表

Panel B 匹配后				
Variables	Exchange = 0	Mean	Exchange = 1	Mean	Mean Diff
Big 4	406	0.057	406	0.030	0.027*
St	406	0.067	406	0.062	0.005
Pscore	406	0.647	406	0.639	0.008

注：***、**、*分别表示在1%、5%和10%水平上显著。

资料来源：笔者整理。

二、单变量分析

表4-3为审计委员会信息披露监管政策实施前后，实验组（上交所）与控制组（深交所）上市公司会计信息质量的均值比较结果。可以看出，经样本匹配后，两组公司的会计信息质量在政策实施前没有显著差异（t值为1.01）；在政策实施后，实验组的会计信息质量显著高于控制组（t值为-2.27）；然而政策实施后相较于控制组，实验组的会计信息质量增加了-0.009，该效应在5%水平上显著（t值为-2.32）。该结果初步表明，加强审计委员会履职信息披露、提高其透明度，有利于提高上市公司会计信息质量。虽如此，企业会计信息质量的变化可能会受到多种因素影响，单变量分析中未考虑其他因素。为了更清晰地识别审计委员会透明度对企业会计信息质量的影响，还需进一步进行多元回归检验。

表4-3　单变量均值检验

	DA		政策实施之前 （Post = 0）	政策实施之后 （Post = 1）	均值差异
实验组	0.086	0.063	-0.023 (-7.90***)
控制组	0.083	0.070	-0.013 (-4.60***)
均值差异	0.003 (1.01)	-0.006 (-2.27**)	-0.009 (-2.32**)

注：***、**、*分别表示在1%、5%、10%水平上显著。

资料来源：笔者整理。

三、多元回归分析

表4-4为模型（1）的检验结果。其中，第（1）列结果显示，在控制行业年度、不加入任何公司层面控制变量的情况下，Exchange 的系数不显著（t＝0.65）、Exchange×Post 的系数显著为负（t＝-1.92）；第（2）列结果显示，在引入企业特征层面控制变量后，Exchange 的系数不显著（t＝0.51）、Exchange×Post 的系数仍显著为负（t＝-1.97）。以上结果表明，在审计委员会信息披露监管政策实施前，实验组与控制组公司的会计信息质量没有显著差异（Exchange 的系数不显著）；然而在政策实施后，相比于控制组，实验组上市公司的操纵性应计显著下降、会计信息质量上升（Exchange×Post 的系数显著为负），证实了提高审计委员会透明度对企业会计信息质量的促进作用。

表4-4　审计委员会透明度与会计信息质量

Dep. Variable	(1) |DA|	(2) |DA|
Exchange	0.002	0.002
	(0.65)	(0.51)
Exchange×Post	-0.008*	-0.008**
	(-1.92)	(-1.97)
Post	-0.014***	-0.013***
	(-3.14)	(-2.59)
Size		0.000
		(0.14)
Lev		-0.006
		(-0.99)
Grow		0.020***
		(9.14)
Roa		0.009
		(0.25)
Loss		0.027***
		(6.85)
Dual		0.003
		(0.85)

续表

Dep. Variable	(1) ｜DA｜	(2) ｜DA｜
Top1		−0.002
		(−0.26)
Brd		−0.002**
		(−2.38)
Big 4		−0.013***
		(−2.66)
St		0.036***
		(5.25)
Constant	0.063***	0.060*
	(8.46)	(1.79)
行业与年度	控制	控制
N	7497	7497
Adj. R²	0.145	0.204

注：括号内为 t 值，***、** 和 * 分别表示在 1%、5% 和 10% 的水平上显著。为控制异方差的影响，对标准误进行公司层面的 Cluster 处理。下同。

资料来源：笔者整理。

在控制变量方面：Grow 的回归系数显著为正，表明成长性越高的企业，会计信息质量越低，原因可能在于成长性的公司不确定程度较高、内部监管制度不完善，导致会计信息质量较低；Brd 的系数显著为负，说明增加董事会规模有助于强化公司内部监管，进而提高会计信息质量；Big 4 的系数显著为负，说明四大事务所的审计质量较高，有助于提高企业会计信息质量；Loss、St 的回归系数显著为正，这说明如果企业处于亏损或 ST 状态时，可能会有更强的动机进行盈余管理而导致较低的会计信息质量。上述结果与已有研究及本书的预期基本一致。

第五节　进一步检验

一、平行趋势检验

前文结论表明上交所在实施审计委员会透明度监管政策后，上市公司的会计信息质量显著提高。但该结论可能受到上交所与深交所自身异质性的影响，如监管环境的不同，导致公司会计信息质量整体性的差异，如果该假设成立，则在政策实施之前，实验组公司的信息质量应高于控制组；此外，如果会计信息质量上升是监管政策引起，则随着政策的实施，该政策效应应具一定持续性。参考 Atanassov（2013）的做法，将模型（1）中 Post 变量拆分为 $Before^{-2}$、$Before^{-1}$、Current、$After^{+1}$、$After^{+2}$、$After^{\geq+3}$ 几个时间虚拟变量。其中 $Before^{-2}$ 为样本年份在 2011 年（政策实施前两年）取值 1，否则为 0；$Before^{-1}$ 为样本年份在 2012 年（政策实施前一年）取值 1，否则为 0；Current 为样本年份在 2013 年（政策实施当年）取值 1，否则为 0；$After^{+1}$ 为样本年份在 2014 年（政策实施后一年）取值 1，否则为 0；$After^{+2}$ 为样本年份在 2015 年（政策实施后两年）取值 1，否则为 0；$After^{\geq+3}$ 为样本年份大于或等于 2016 年时取值 1，否则为 0。

即检验模型为：

$$|DA_{it}| = \alpha_0 + \alpha_1 Exchange_{it} + \alpha_2 Before_{it}^{-2} + \alpha_3 Before_{it}^{-1} + \alpha_4 Current_{it} + \alpha_5 After_{it}^{+1} +$$
$$\alpha_6 After_{it}^{+2} + \alpha_7 After_{it}^{\geq+3} + \alpha_8 Exchange_{it} \times Before_{it}^{-2} + \alpha_9 Exchange_{it} \times Before_{it}^{-1} +$$
$$\alpha_{10} Exchange_{it} \times Current_{it} + \alpha_{11} Exchange_{it} \times After_{it}^{+1} + \alpha_{12} Exchange_{it} \times After_{it}^{+2} +$$
$$\alpha_{13} Exchange_{it} \times After_{it}^{\geq+3} + Control + \varepsilon_{it} \qquad (4\text{-}2)$$

表 4-5 结果显示：在政策实施前，实验组与控制组样本公司的会计信息质量没有显著差异，表明两组样本间不存在明显的异质性（$Exchange \times Before^{-2}$、$Exchange \times Before^{-1}$ 系数不显著）；政策实施当年及之后，实验组公司的会计信息质量整体上显著高于控制组，说明该政策实施显著提高了企业会计信息质量（$Exchange \times Current$、$Exchange \times After^{+1}$、$Exchange \times After^{\geq+3}$ 显著为负），进一步证实了该政策效应的有效性。

表 4-5 平行趋势检验

Dep. Variable	(1) |DA|
Exchange	0.002 (0.52)
Exchange×Before^{-2}	0.004 (1.22)
Exchange×Before^{-1}	−0.005 (−1.27)

续表

Dep. Variable	(1) │DA│
Exchange×Current	−0.007 **
	(−2.03)
Exchange×After^{+1}	−0.008 **
	(−2.33)
Exchange×After^{+2}	−0.002
	(−0.72)
Exchange×After$^{\geqslant+3}$	−0.008 *
	(−1.84)
Before^{-2}	0.014 **
	(2.26)
Before^{-1}	−0.005
	(−0.83)
Current	−0.009
	(−1.44)
After^{+1}	−0.015 **
	(−2.33)
After^{+2}	−0.010
	(−1.38)
After$^{\geqslant+3}$	−0.011
	(−1.36)
Size	0.001
	(0.64)
Lev	−0.001
	(−0.17)
Grow	0.016 ***
	(5.26)
Roa	0.003
	(0.06)

续表

Dep. Variable	(1) | DA |
Loss	0.025*** (4.64)
Dual	0.003 (0.99)
Top1	−0.004 (−0.42)
Brd	−0.002*** (−2.88)
Big 4	−0.013*** (−2.85)
St	0.040*** (5.13)
Constant	0.038 (0.92)
行业与年度	控制
N	7497
Adj. R²	0.184

注：***、**、*分别表示在1%、5%、10%水平上显著。

资料来源：笔者整理。

二、机理检验

审计委员会制度是从公司治理层面进行的完善，如果其所要达到信息质量监督和控制的效果，须通过审计委员会有效履职来实现。有关审计委员会特征与会计信息质量的研究发现，审计委员会的独立性、专业性等特征与会计信息质量正相关（Bruynseels and Cardinaels，2014；Cohen et al.，2013）。但是，具备所需属性特征并不意味着审计委员会定能发挥有效的监督作用，原因在于：一方面，关于审计委员会特征与信息质量的关系研究关注的是审计委员会表象特征，其中并不能了解审计委员会的履职过程，如 Beasley 等（2009）发现了具有较好特征的审计委员会但缺乏有效监督的情况，如果审计委员会的属性特征能表明其一直有效履职，那对于履职过程的监管政策实施应该不会产生效果。另一方面，在以前的研究文献中，一个主要的问题在于审计委员会的特征效果检验是内生的，不能排除公司内部治理环境的影响（Chang et al.，2017），因此不能清晰直接地了解审计委员会的履职有效性。本书利用我国审计委员会透明度的监管政策效应，为审计委员会的特征与履职关系提供更为直接的经验证据。

为检验提高审计委员会透明度对其特征作用发挥的影响，我们利用上交所信息披露监管政策效应，进一步比较在《上海证券交易所上市公司董事会审计委员会运作指引》实施前后，审计委员会特征与会计信息质量的关系。参考以前的文献，从审计委员会独立性、专业性两个方面，检验审计委员会透明度对其特征履职的影响。其中，审计委员会独立性以审计委员会独立董事比例衡量，审计委员会专业性以审计委员会财务专家比例衡量。表4-6和表4-7中的结果显示，相比于监管政策之前，在实施透明度监管政策后（Post = 1），审计委员会独立性、专业性特征与会计信息质量之间的关系更为显著（Exchange×Independent、Exchange×Expertise 显著为负）。这在一定程度上说明审计委员会履职信息的披露会促进审计委员会特征发挥其实质作用，进而提高企业的会计信息质量。同时，该结论提供的经验证据表明，仅仅在形式上强调审计委员会的特征并不足以确保审计委员会履职的有效性，而审计委员会透明度则是审计委员会的形式特征转化为实质有效的重要决定因素。

表4-6　审计委员会独立性与会计信息质量

Dep. Variable	(1) Post = 0 | DA |	(2) Post = 1 | DA |
Independent	0.008 (0.66)	0.005 (0.57)
Exchange×Independent	0.009 (0.52)	−0.023* (−1.78)
Exchange	−0.007 (−0.49)	0.010 (0.84)
Size	−0.008 (−1.20)	−0.004 (−0.96)

续表

Dep. Variable	(1) Post = 0 | DA |	(2) Post = 1 | DA |
Lev	0.008 (0.36)	0.004 (0.24)
Grow	0.068*** (3.01)	0.041*** (3.58)
Roa	0.274** (2.31)	0.092 (0.95)
Loss	0.061*** (3.67)	0.006 (0.65)
Dual	0.019 (1.46)	0.010 (1.13)
Top1	0.051 (1.45)	−0.057*** (−3.16)
Brd	0.001 (0.44)	−0.001 (−0.73)
Big 4	−0.026 (−1.62)	−0.012 (−0.98)
St	0.033 (1.54)	0.056* (1.86)
Constant	0.166 (1.37)	0.208** (2.09)
行业与年度	控制	控制
N	3759	3738
Adj. R^2	0.156	0.103

注：***、**、*分别表示在1%、5%、10%水平上显著。

资料来源：笔者整理。

表4-7　审计委员会专业性与会计信息质量

Dep. Variable	(1) Post = 0 | DA |	(2) Post = 1 | DA |
Expertise	0.009 (0.42)	0.034** (2.19)

续表

Dep. Variable	(1) Post = 0 | DA |	(2) Post = 1 | DA |
Exchange×Expertise	−0.003	−0.039 *
	(−0.09)	(−1.86)
Exchange	−0.003	0.009
	(−0.13)	(0.67)
Size	−0.013	−0.008
	(−1.27)	(−0.79)
Lev	0.087	−0.060
	(1.30)	(−1.02)
Grow	0.144 ***	0.100 ***
	(3.62)	(3.95)
Roa	0.340	0.298 *
	(1.30)	(1.76)
Loss	0.131 ***	0.033
	(3.47)	(1.01)
Dual	0.017	0.014
	(0.71)	(0.84)
Top1	0.063	−0.083 **
	(1.03)	(−2.36)
Brd	−0.003	−0.003
	(−0.57)	(−0.80)
Big 4	−0.052 **	−0.022
	(−2.30)	(−1.39)
St	0.098 *	0.126 **
	(1.69)	(2.13)
Constant	0.281	0.342
	(1.42)	(1.36)
行业与年度	控制	控制
N	3759	3738
Adj. R²	0.126	0.103

注：＊＊＊、＊＊、＊分别表示在1%、5%、10%水平上显著。
资料来源：笔者整理。

三、异质性检验

（一）基于错报风险视角

会计错报会直接导致会计信息质量低下，而压力是企业舞弊者的行为动机，是直接的利益驱动。上市公司的业绩是其管理者的"形象工程""政治资本"，为影响股票市场对公司的理解、提高管理者自身的报酬、避免监管部门干预等，管理者有动机进行会计操纵来粉饰披露信息，尤其在经营业绩较低甚至达到盈亏临界点的情况下。此外，在企业经营发展面临融资需求的压力下，管理者可能通过操纵信息披露来实现融资、降低违约可能性，尤其在债务融资中，债权人为保护自身利益通常会在契约中加入限制性条款并要求更高的收益率（蒋琰，2009）。此时公司和投资者需要依靠更好的监督机制来降低管理者错报风险、提高会计信息质量。因此，相比于错报风险较低的公司，我们预期提高审计委员会透明度对会计信息质量的正面效应，在错报风险较高的公司中更为显著。

在该视角下，参考已有的文献从经营业绩与融资需求两个方面衡量会计错报风险（Burgstahler and Dichev，1997；陆正飞等，2008；魏涛等，2007）。当公司的净资产收益率低于当年行业中位数时，表明公司的经营业绩较低，为避免盈余减少会计错报风险较高，错报风险变量取值为 1，否则为 0；当公司的每股盈余大于 0 且小于 0.1 时，表明公司可能存在避亏动机，此时的会计错报风险较高，错报风险变量取值为 1，否则为 0；当公司下一年的债务融资超过当年的债务融资时，表明公司的融资需求较高，为实现融资可能存在的会计错报风险较高，错报风险变量取值为 1，否则为 0。表 4-8 中第（1）列、第（3）列和第（5）列结果显示，在错报风险较高的公司中（经营业绩低、存在避亏动机、融资需求高），提高审计委员会透明度的政策效应更为显著（Exchange×Post 的系数显著为负），与预期相符，表明提高审计委员会透明度有助于降低上市公司错报风险，提高会计信息质量。

表 4-8　错报风险的调节效应

Dep. Variable	（1）经营业绩低 | DA |	（2）经营业绩高 | DA |	（3）存在避亏动机 | DA |	（4）不存在避亏动机 | DA |	（5）融资需求高 | DA |	（6）融资需求低 | DA |
Exchange	0.004 (1.01)	−0.004 (−1.04)	0.006 (1.23)	−0.000 (−0.12)	0.004 (1.02)	−0.003 (−0.58)

续表

Dep. Variable	(1) 经营业绩低 ｜DA｜	(2) 经营业绩高 ｜DA｜	(3) 存在避亏动机 ｜DA｜	(4) 不存在避亏动机 ｜DA｜	(5) 融资需求高 ｜DA｜	(6) 融资需求低 ｜DA｜
Exchange×Post	−0.013 **	−0.001	−0.014 **	−0.005	−0.010 **	−0.005
	(−2.23)	(−0.22)	(−2.40)	(−1.14)	(−2.04)	(−0.76)
Post	0.005	−0.019 ***	−0.017 **	−0.012 *	−0.012 **	−0.053
	(0.66)	(−2.59)	(−2.07)	(−1.96)	(−2.17)	(−1.62)
Size	−0.004 *	−0.003	0.001	−0.001	0.001	−0.001
	(−1.93)	(−1.46)	(0.36)	(−0.46)	(0.70)	(−0.58)
Lev	−0.014 *	−0.015	−0.012	−0.002	−0.007	−0.008
	(−1.80)	(−1.50)	(−1.31)	(−0.22)	(−0.88)	(−0.87)
Grow	0.017 ***	0.021 ***	0.010 ***	0.022 ***	0.021 ***	0.016 ***
	(5.27)	(7.00)	(3.04)	(8.66)	(7.69)	(4.33)
Roa	−0.490 ***	0.369 ***	0.093	−0.006	−0.008	0.034
	(−9.64)	(7.64)	(0.84)	(−0.16)	(−0.20)	(0.64)
Loss	−0.013 ***	0.000	0.004	0.024 ***	0.023 ***	0.033 ***
	(−2.94)	(.)	(0.60)	(4.92)	(5.11)	(4.65)
Dual	−0.003	0.005	−0.006	0.006 *	0.004	−0.001
	(−0.71)	(1.25)	(−1.53)	(1.65)	(1.13)	(−0.26)
Top1	0.008	−0.012	−0.010	−0.004	0.003	−0.014
	(0.77)	(−1.07)	(−0.92)	(−0.37)	(0.28)	(−1.02)
Brd	−0.000	−0.002 ***	−0.000	−0.002 ***	−0.001	−0.002 **
	(−0.02)	(−3.05)	(−0.12)	(−2.74)	(−1.62)	(−2.22)
Big 4	−0.009	−0.014 **	−0.004	−0.013 ***	−0.011 **	−0.018 **
	(−1.32)	(−2.15)	(−0.31)	(−2.66)	(−2.31)	(−2.16)
St	0.019 ***	0.026 **	0.031 ***	0.041 ***	0.045 ***	0.019 **
	(2.93)	(2.06)	(3.61)	(4.73)	(4.92)	(2.29)
Constant	0.135 ***	0.125 ***	0.032	0.090 **	0.035	0.107 **
	(3.10)	(2.87)	(0.61)	(2.30)	(0.88)	(2.09)
行业与年度	控制	控制	控制	控制	控制	控制
N	3751	3746	1844	5653	5171	2326
Adj. R^2	0.245	0.241	0.196	0.209	0.204	0.213

注：***、**、*分别表示在1%、5%、10%水平上显著。

资料来源：笔者整理。

（二）基于代理成本视角

管理者在我国面临的诉讼风险较小，当管理者与股东之间的代理成本较高时，管理者更倾向于做出对自己利益最大化但损害股东利益的决策，进而隐瞒信息或操纵信息披露（罗炜和朱春艳，2010）。我国上市公司股权相对较为集中，公司可能置于少数几个大股东的绝对控制之下，这就为大股东通过关联交易等手段侵害中小股东的利益提供了机会（姜国华和岳衡，2005），再以其自身的信息强势操纵对外部的信息披露。由此，以上两类代理问题均会降低会计信息质量，此时公司需要依靠更好的监督机制缓解代理问题、降低代理成本。因此，相比于代理成本较低的公司，我们预期提高审计委员会透明度对会计信息质量的正面效应在代理成本较高的公司中更为显著。

Jensen 和 Weckling（1979）认为，当公司的自由现金流较为充足、投资机会相对较少时，管理者谋取私利的动机与机会最大，此时管理者与股东之间的代理成本最高。因此对管理者与股东代理成本的衡量，参考罗炜和朱春艳（2010）、Jensen（1986）的做法，如果公司自由现金流高于当年中位数，且销售增长率低于当年中位数，那么代理成本变量取值为 1，否则为 0。大股东的利益侵害行为常表现为资金占用，因此对于大股东与小股东代理成本，参考叶康涛等（2007）的做法，以其他应收款占总资产的比例衡量，如果该比例高于当年行业中位数，表明公司代理成本较高，则代理成本变量取值为 1，否则为 0。表 4-9 中第（1）列和第（3）列结果显示，在代理成本较高的公司中（大股东占用资金多、自由现金流高且销售增长率低），提高审计委员会透明度的政策效应更为显著（Exchange×Post 的系数显著为负），与预期相符，表明审计委员会透明度有助于缓解上市公司代理问题，提高会计信息质量。

表 4-9　代理成本的调节效应

Dep. Variable	（1） 大股东占用资金多 | DA |	（2） 大股东占用资金少 | DA |	（3） 自由现金流高 销售增长率低 | DA |	（4） 除自由现金流高 销售增长率低外 | DA |
Exchange	0.004 （1.05）	−0.001 （−0.32）	0.007 （1.59）	−0.000 （−0.05）
Exchange×Post	−0.013** （−2.26）	−0.003 （−0.59）	−0.012** （−2.07）	−0.007 （−1.38）

续表

Dep. Variable	（1） 大股东占用资金多 ｜DA｜	（2） 大股东占用资金少 ｜DA｜	（3） 自由现金流高 销售增长率低 ｜DA｜	（4） 除自由现金流高 销售增长率低外 ｜DA｜
Post	−0.013*	−0.013*	−0.004	−0.016**
	(−1.89)	(−1.79)	(−0.57)	(−2.57)
Size	0.001	−0.001	−0.001	0.001
	(0.38)	(−0.31)	(−0.39)	(0.50)
Lev	−0.003	−0.009	−0.020**	−0.006
	(−0.27)	(−1.13)	(−2.14)	(−0.88)
Grow	0.023***	0.017***	−0.066***	0.020***
	(7.33)	(5.23)	(−5.20)	(8.89)
Roa	−0.073	0.086*	0.078	0.004
	(−1.47)	(1.93)	(1.46)	(0.10)
Loss	0.021***	0.032***	0.016***	0.031***
	(3.79)	(5.68)	(2.86)	(6.32)
Dual	0.005	0.001	0.000	0.003
	(1.09)	(0.21)	(0.01)	(0.94)
Top1	0.010	−0.011	−0.028**	0.006
	(0.90)	(−1.01)	(−2.52)	(0.68)
Brd	−0.001	−0.002***	−0.001	−0.002**
	(−0.90)	(−2.81)	(−0.97)	(−2.11)
Big 4	−0.013	−0.013**	−0.010*	−0.014**
	(−1.62)	(−2.04)	(−1.93)	(−2.11)
St	0.030***	0.044***	0.015	0.039***
	(3.55)	(4.07)	(1.53)	(4.95)
Constant	0.034	0.086**	0.088*	0.042
	(0.73)	(2.05)	(1.85)	(1.08)
行业与年度	控制	控制	控制	控制
N	3798	3699	1946	5551
Adj. R²	0.220	0.189	0.191	0.210

注：***、**、*分别表示在1%、5%、10%水平上显著。

资料来源：笔者整理。

四、替代性解释

相比于《上市公司治理准则》，《上海证券交易所上市公司董事会审计委员会运作指引》对审计委员会成员的独立性和专业性方面做了更为细致的规定，这可能引起审计委员会独立性或专业性组成的变化，从而促进上市公司会计信息质量的提高。为排除这一因素对检验结果的影响，我们对该指引实施前后审计委员会人员组成的独立性、专业性变化进行了检验。表 4-10 的检验结果显示，在实施该指引后，上交所审计委员会的独立性和专业性在形式上并未发生显著变化（Exchange×Post 的系数不显著），在一定程度上排除了这一因素对检验结果的干扰。

表 4-10　审计委员会形式特征变化的检验

Dep. Variable	(1) Independent	(2) Expertise
Exchange	0.004	−0.057***
	(0.55)	(−4.17)
Exchange×Post	0.011	0.012
	(1.52)	(0.87)
Post	0.035***	0.053***
	(3.88)	(3.15)
Size	0.007**	−0.003
	(1.96)	(−0.38)
Lev	−0.002	0.000
	(−0.14)	(0.01)
Grow	−0.001	0.000
	(−0.72)	(0.15)
Roa	−0.086	−0.071
	(−1.49)	(−0.81)
Loss	−0.010	0.002
	(−1.24)	(0.16)
Dual	0.028***	0.019
	(4.01)	(1.48)

续表

Dep. Variable	(1) Independent	(2) Expertise
Top1	−0.004	−0.004
	(−0.21)	(−0.10)
Brd	−0.002	0.002
	(−1.03)	(0.55)
Big 4	−0.021	−0.021
	(−1.53)	(−0.88)
St	0.005	0.033*
	(0.49)	(1.95)
Constant	0.480***	0.407***
	(6.42)	(2.66)
行业与年度	控制	控制
N	7497	7497
Adj. R^2	0.049	0.026

注：***、**、*分别表示在1%、5%、10%水平上显著。

资料来源：笔者整理。

五、审计委员会其他职责的检验

从审计委员会的职责来看，会计信息质量应是审计委员会履职直接影响的一个方面。但是除信息质量外，审计委员会的职责还包括评估内部控制有效性、监督外部审计工作等重要方面。为了更好地理解提高审计委员会透明度对审计委员会履职效果的影响，本章进一步检验信息披露政策的实施对审计委员会其他职责方面的作用。参考已有文献（Chen et al.，2017；马壮等，2018；Blankley et al.，2012），选取内部控制指数（ICQ）和异常审计费用（Abfee）作为审计委员会对内部控制、外部审计工作的监督质量衡量。表4-11中的结果表明，在提高审计委员会透明度后，同样会促进审计委员会在内控质量、外部审计等方面的监督有效性。

表 4-11　审计委员会其他职责的检验

Dep. Variable	（1） ICQ	（2） Abfee
Exchange	−0.110*** （−9.00）	0.030 （1.47）
Exchange×Post	0.077*** （6.77）	−0.048** （−2.54）
Post	0.228*** （17.07）	−0.040 （−1.51）
Size	0.056*** （10.04）	0.018 （1.37）
Lev	−0.031 （−1.41）	0.087** （2.01）
Grow	−0.022*** （−6.87）	0.009 （1.52）
Roa	0.051 （0.61）	−0.081 （−0.56）
Loss	−0.073*** （−5.78）	0.010 （0.51）
Dual	−0.025** （−2.55）	0.026 （1.11）
Top1	0.048 （1.64）	−0.150** （−2.22）
Brd	0.010*** （3.84）	0.009 （1.59）
Big 4	0.056*** （2.82）	0.390*** （6.26）
St	−0.160*** （−9.05）	0.117*** （5.06）
Constant	2.258*** （19.39）	−0.483* （−1.79）
行业与年度	控制	控制
N	7490	6999
Adj. R^2	0.342	0.081

注：***、**、*分别表示在1%、5%、10%水平上显著。

资料来源：笔者整理。

第六节　稳健性检验

一、会计信息质量的重新定义

本章的主检验模型采用的是修正 Jones 模型计算的操纵性应计衡量会计信息质量，估计结果可能受到会计信息质量计算方式的影响。在此，参考 Dechow 等（1995）中的 Jones 模型，重新计算操纵性应计。表 4-12 中第（1）列结果与表 4-4 一致，Exchange×Post 的系数显著为负，表明相比于深交所，上交所上市公司的会计信息质量在审计委员会透明度政策实施后显著上升，结论依然成立。

表 4-12　会计信息质量的替代性检验

Dep. Variable	（1） Jones Model	（2） Opaque
Exchange	0.001	0.014
	(0.47)	(1.32)
Exchange×Post	−0.008**	−0.022*
	(−2.07)	(−1.90)
Post	−0.011**	−0.026**
	(−2.23)	(−2.28)
Size	−0.000	−0.001
	(−0.09)	(−0.26)
Lev	−0.005	0.007
	(−0.90)	(0.32)
Grow	0.020***	0.008**
	(9.11)	(2.04)
Roa	0.004	0.208**
	(0.10)	(2.49)
Loss	0.025***	0.043***
	(6.47)	(4.50)
Dual	0.003	0.017*
	(0.86)	(1.68)

续表

Dep. Variable	(1) Jones Model	(2) Opaque
Top1	−0.001	0.005
	(−0.09)	(0.19)
Brd	−0.001**	−0.006***
	(−2.05)	(−2.72)
Big 4	−0.013***	−0.037**
	(−2.64)	(−2.09)
St	0.034***	0.117***
	(5.13)	(6.08)
Constant	0.065**	0.210*
	(1.99)	(1.93)
行业与年度	控制	控制
N	7497	4613
Adj. R²	0.202	0.364

注：***、**、*分别表示在1%、5%、10%水平上显著。

资料来源：笔者整理。

此外，借鉴 Hutton 等（2009）的方法，以三期操纵性应计绝对值加总衡量公司的信息质量（Opaque）。原因在于如果公司具有持续较高的操纵性应计值，那么公司更有可能进行盈余管理，导致披露的信息质量更低，因此使用三年的移动值更能反映公司盈余管理的影响。表4-12 中第（2）列结果报告了该衡量方式下的回归结果，Exchange×Post 的系数显著为负，与主检验的结论一致。

二、控制组自愿性披露样本的剔除

随着上交所实施审计委员会信息披露监管，深交所的一些上市公司逐渐自愿披露审计委员会履职报告信息，为缓解该自愿披露现象对检验结果的潜在影响，在深交所官网检索 2013 年及以后自愿披露审计委员会履职报告的上市公司，并在样本中剔除，主检验结果依然稳健（见表4-13）。

表4-13 控制组中自愿披露审计委员会履职报告的样本剔除

Dep. Variable	(1) | DA |	(2) | DA |
Exchange	0.002	0.002
	(0.65)	(0.50)
Exchange×Post	−0.008*	−0.008**
	(−1.92)	(−1.99)
Post	−0.014***	−0.013**
	(−3.14)	(−2.58)
Size		0.000
		(0.12)
Lev		−0.006
		(−0.96)
Grow		0.020***
		(9.05)
Roa		0.009
		(0.26)
Loss		0.027***
		(6.86)
Dual		0.003
		(0.83)
Top1		−0.002
		(−0.26)
Brd		−0.002**
		(−2.36)
Big 4		−0.013***
		(−2.66)
St		0.036***
		(5.28)
Constant	0.063***	0.061*
	(8.46)	(1.80)
行业与年度	控制	控制
N	7485	7485
Adj. R^2	0.145	0.204

注：***、**、*分别表示在1%、5%、10%水平上显著。

资料来源：笔者整理。

三、审计委员会特征变量的控制

《上海证券交易所上市公司董事会审计委员会运作指引》除了审计委员会履职信息披露的规定，也包括对审计委员会人员情况的披露要求，同时该指引在人员组成方面做了明确细致的规定。因此为缓解审计委员会组成的可能变化对检验结果的影响，本章在主检验的基础上进一步控制了审计委员会规模（Scale）、独立性（Independent）、专业性（Expertise）等特征变量，主检验结果依然稳健（见表4-14）。

表4-14　审计委员会特征变量的控制

Dep. Variable	(1) 丨DA丨	(2) 丨DA丨
Exchange	0.002	0.002
	(0.65)	(0.60)
Exchange×Post	−0.008*	−0.008**
	(−1.92)	(−2.00)
Post	−0.014***	−0.014***
	(−3.14)	(−2.66)
Size		0.000
		(0.12)
Lev		−0.006
		(−0.99)
Grow		0.020***
		(9.14)
Roa		0.010
		(0.27)
Loss		0.027***
		(6.86)
Dual		0.003
		(0.84)

续表

Dep. Variable	(1) | DA |	(2) | DA |
Top1		−0.002
		(−0.26)
Brd		−0.002 **
		(−2.57)
Big 4		−0.013 ***
		(−2.72)
St		0.036 ***
		(5.24)
Scale		0.001
		(0.45)
Independent		0.003
		(0.35)
Expertise		0.004
		(0.78)
Constant	0.063 ***	0.056 *
	(8.46)	(1.66)
行业与年度	控制	控制
N	7497	7497
Adj. R^2	0.145	0.204

注：*** 、** 、* 分别表示在1%、5%、10%水平上显著。

资料来源：笔者整理。

四、控制个体固定效应

虽然在主检验中使用倾向匹配得分法（PSM）对实验组和控制组进行公司特征差异的处理，使两组样本公司的可比性更高，但是依然可能存在其他不可观测的个体因素影响估计结果，因此为进一步排除样本公司非时序变化的特征差异的干扰，这里在样本匹配的基础上控制公司固定效应（代替行业固定效应）。

表 4-15 报告了该种模型设定下的回归估计结果，其中 Exchange×Post 的系数显著为负，主检验结论依然成立。

表 4-15　控制公司固定效应

Dep. Variable	(1) ｜DA｜	(2) ｜DA｜
Exchange	−0.008* (−1.75)	−0.008* (−1.87)
Exchange×Post	−0.013*** (−2.83)	−0.033*** (−4.85)
Post		0.015*** (4.25)
Size		−0.030** (−2.30)
Lev		0.016*** (7.16)
Grow		−0.035 (−0.82)
Roa		0.015*** (3.61)
Loss		0.001 (0.27)
Dual		0.005 (0.22)
Top1		0.001 (0.44)
Brd		−0.005 (−0.37)
Big 4		0.021*** (3.17)
St	0.079*** (26.87)	−0.246*** (−3.21)
个体与年度	控制	控制
N	7497	7497
Adj. R^2	0.024	0.069

注：***、**、*分别表示在 1%、5%、10%水平上显著。

资料来源：笔者整理。

第七节 本章小结

　　审计委员会作为确保审计独立性与财务报告质量的一个重要环节，自问世以来便被监管者、市场投资者和其他利益相关者寄予厚望。但近年来全球范围内频繁发生的各类财务舞弊事件，引起了公众对审计委员会的深度质疑。面对投资者日益高涨的信息需求，以及公众对审计委员会的信任危机，越来越多的国家和地区的监管机构在尝试推动提高审计委员会透明度的信息披露改革。然而有关审计委员会信息披露的管制却引起了诸多争议，其中争议的焦点在于提高审计委员会透明度带来的收益与成本如何平衡。基于此，本章利用上交所 2013 年有关审计委员会履职信息强制披露规定的准自然实验，围绕会计信息质量视角实证检验了审计委员会透明度的收益。研究发现：审计委员会透明度的提高显著提升了企业会计信息质量，且该效应在错报风险和代理成本较高的公司中更加显著；进一步地，审计委员会透明度的提高通过促进审计委员会的履职有效性，进而提高了企业会计信息质量。

　　本书结论从收益视角回应了当前有关审计委员会透明度改革的争议，肯定了监管部门对上市公司实施审计委员会透明度政策的积极意义，为各国正在探索的审计委员会信息披露改革提供了支持性的经验证据。此外，通过审计委员会信息披露监管政策效应的机制检验发现，仅仅在形式上强调审计委员会的特征并不足以确保审计委员会的有效履职，而审计委员会信息透明度则是促进审计委员会的形式特征转为实质有效性的重要决定因素。

第五章　审计委员会透明度与
高管在职消费

近年来，随着公众对于上市公司内部治理效率的关注度日益提升，越来越多的国家和地区相继推出了关于审计委员会履职信息披露的监管措施，由此引发了关于审计委员会透明度改革的成本收益之争。基于此，利用 2013 年上交所有关审计委员会履职信息披露规定的准自然实验，采用双重差分模型，围绕高管在职消费这一视角考察了审计委员会透明度提升的经济后果。研究发现：审计委员会透明度的提升显著降低了企业高管在职消费水平；进一步检验发现，审计委员会透明度的提高通过促进审计委员会履职有效性，降低了在职消费；同时，该效应在内部治理环境相对薄弱、外部监督压力较强的公司中更加显著；此外，审计委员会透明度的提升通过降低管理层在职消费，有助于企业价值提升。研究结论从高管在职消费视角证实了审计委员会透明度改革的收益，对各个国家和地区正在讨论的审计委员会信息披露改革均有借鉴意义。

第一节　引言

近年来，全球范围内财务舞弊事件频发引发了公众对审计委员会治理效应的广泛质疑。其中一个重要的原因是，现存的审计委员会信息披露并不能为各利益相关者提供足够的信息，使其对审计委员会是否履职以及如何履职几乎一无所知。从现有关于审计委员会的文献来看，相关研究主要围绕审计委员会的设立及特征影响展开讨论（Dechow et al.，1996；DeFond and Jiambalvo，1991；He et al.，2017；Kim and Klein，2017；Lennox and Park，2007），也有研究揭示现阶段的审计委员会特征的要求与披露并未给投资者带来实质性收益（Lisic et al.，2016；Kim and Klein，2017）。然而，鲜有文献关注到审计委员会履职过程信息披露的影响。因此，对于审计委员会透明度改革的争论亦缺乏经验证据的支撑。

《上市公司治理准则》赋予审计委员会的职能中，其中一个重要的预期履职效果是审计委员会的治理效应。审计委员会独立于公司管理层，通过监督财务报告编制与公布、内部控制建立与执行、内部审计工作与复核等，识别公司经营面临的风险，并直接向董事会与股东负责，理应降低股东与管理层之间的代理成本。在职消费是管理层以牺牲股东利益为代价的对企业资源的挪用，是股东与管理层之间代理冲突最为直接的表现形式。因其对公司资源与利益的损害，国家不断加大反腐力度、对在职消费等行为的查处力度，通过出台政策、加强审计等手段对在职消费行为的监管与惩戒进行实质性强化。在此大环境下，学者们对于在职消费缓解机制的研究亦不断深入，包括外部的监管政策颁布、审计师的审计、曝光机制等，以及内部的分红政策、股权结构（郝颖等，2018；Gul et al.，薛健等，2017；罗宏和黄文华，2008；李艳丽等，2012）等。但审计委员会作为公司内部重要的监督治理机制，其对高管在职消费行为的影响似乎并未引起关注，也鲜有文献对其进行讨论。

2013年，《上海证券交易所上市公司董事会审计委员会运作指引》发布，要求上市公司披露有关审计委员会的基本情况、年度履职情况以及履职过程中发现的重大问题等相关信息。该指引的出台，显著改善了上交所上市公司的审计委员会的信息透明度，同时也为我们提供了一个考察审计委员会履职信息披露经济后果的准自然实验。从审计委员会的定位来看，其核心的治理职能在于降低股东与管理层的代理成本。基于此，本章选取2010~2017年A股上市公司为研究对象，基于2013年上交所审计委员会信息强制披露要求的准自然实验，以在职消费为切入点，构建双重差分模型，考察审计委员会透明度提高所带来的正向经济后果。研究发现，审计委员会透明度的提升显著降低了企业高管在职消费水平；进一步检验发现，审计委员会透明度的提高通过促进审计委员会履职有效性，降低了高管在职消费；同时，该效应在内部治理环境相对薄弱、外部监督压力较强的公司中更加显著；此外，审计委员会透明度的提升通过降低管理层在职消费，有助于企业价值提升。

本章的研究贡献可能包括以下三个方面：

首先，从收益视角回应了当前有关审计委员会信息披露改革的争议，补充了审计委员会透明度方面研究的不足。目前，包括美国在内的诸多国家和地区都在尝试推动审计委员会信息强制披露的改革，但却始终存在成本和收益的争议。尽管支持改革的意见认为，提高审计委员会的透明度有助于促进其履职有效性，但却缺乏直接证据。本章基于我国上交所出台的信息披露要求，实证检验了审计委员会信息披露变化对于高管在职消费的影响，直接提供了关于审计委员会信息透明度提高所带来收益的证据。同时补充了审计委员会透明度方面研究的不足，将原有审计委员会的研究从其设立和相关特征的讨论延伸到其透明度问题，拓展了相关领域的研究。

其次，本章基于审计委员会信息披露政策变更的外生事件，在一定程度上缓解了现有审计委员会研究中存在的内生性问题。以往关于审计委员会效果的因果检验中，一个主要的难点在于没有很好地排除公司整体治理环境的内生性影响（Chang et al.，2017），而这种内生性问题会对审计委员会效果检验的准确度产生负面影响。本章利用上交所发布强制信息披露要求这一规则变更，基于双重差分模型，能够较好地分离事件组和对照组在政策前后变化的差异，从而有效避免互为因果和遗漏变量的内生性问题，为今后审计委员会研究提供了方法上的借鉴。

最后，本章的研究拓展了高管在职消费影响因素的相关文献，有助于监管部门与股东更好地了解能够抑制高管在职消费行为的影响因素。因在职消费的普遍性和严重性，不仅企业层面在不断探索、完善治理机制，国家层面亦不断出台监管政策、加大惩处力度，相应地，已有相当多的文献以内外部不同的机制因素为切入点，检验这些机制对高管在职消费的抑制作用（Gul et al.，2011；郝颖等，2018；薛健等，2017；翟胜宝等，2015）。但审计委员会作为董事会中独立于管理层的专业委员会，负有监督财务信息、内部控制、经营活动的重要职责，其对于高管在职消费行为的影响不言而喻，鲜有文献对其进行讨论。本章则从审计委员会的视角检验了审计委员会透明度对高管在职消费的抑制作用，为在职消费的内部监管制约因素研究提供了新的证据。

第二节　理论分析与研究假设

现代公司的主要特征之一是所有权与控制权的分离，在公司治理改革的发展中，审计委员会作为公司重要的治理机制，自问世以来其"监管者"的角色作用便被寄予较高期望。一是因为审计委员会在公司内部"独立性"的组织定位，赋予其监督管理层的权力；二是因为审计委员会成员的专业性，使其具有监控管理层机会主义行为的能力。因此一个独立、严谨的审计委员会被视为"最可靠的公共利益维护者之一"（Beasley et al.，2009）。

诚然，审计委员会监督治理功能的实现必须建立在一定的基础之上，即审计委员会独立、客观地进行监督履职。然而，近年来全球范围频发的财务舞弊事件，使得公众对审计委员会是否有效履职产生了深度怀疑，但是各利益相关者并不能获取足够的信息对此进行客观、准确的评价，原因在于现存的审计委员会信息披露制度仍停留在组织形式特征层面，而对于审计委员会的履职是否有效无从考证。不仅如此，近期有文献提供经验证据表明，现阶段的审计委员会披露要求并未给投资者带来收益（Kim and Klein，2017），当然这其中亦包括一些形式特征层面看起来质量较高的审计委员会（Lisic et al.，2016）。

对此，越来越多的国家和地区开始尝试推动提高审计委员会透明度的信息披露改革，包括美国、英国、澳大利亚、欧盟等，当然关于这场实质性改革的成本与收益也引起了广泛的争议。从现有对审计委员会的研究文献来看，多集中在审计委员会主体本身，如审计委员会的设立、特征带来的影响，鲜有研究讨论审计委员会的履职信息披露带来的经济后果，因此不能为审计委员会透明度改革的成本收益之争提供经验证据。

2013 年，上交所发布了《上海证券交易所上市公司董事会审计委员会运作指引》。该指引除对审计委员会的设置、人员构成、职责等做了全面的说明与规定外，对审计委员会年度履职情况、履职过程中发现的重大问题以及相关意见的信息披露问题做出进一步规定。区别于以前的审计委员会组成、职责等的披露，该制度对于审计委员会履职过程披露的聚焦，较大程度地提高了审计委员会透明度，这恰好为检验审计委员会透明度的经济后果提供了恰当的自然实验研究环境。

长期以来，管理层利益侵占是两权分离组织形式下代理问题研究的重点领域。正是由于这种组织形式，在企业的经营活动中，在职消费的存在具有一定的合理性，但是一旦超出正常范畴，在职消费则往往会转变为公司的代理成本（Jensen and Meckling，1979）。在我国上市公司中，高管在职消费现象尤为普遍，尤其在薪酬限制的背景下，在职消费成为经理人寻求非货币薪酬的隐性途径（陈冬华等，2005）。然而管理层利用自身的信息优势及信息披露的决定权，通过隐瞒或操纵使得外部股东及利益相关者无法准确知悉在职消费水平，这在一定程度上又进一步刺激了在职消费行为的加剧。

随后，各利益相关者开始探索能够抑制高管在职消费的内外部机制，已有的文献对于这些机制对在职消费的缓解作用也提供了相应的经验证据。其中外部机制包括外部审计、机构投资者持股、媒体监督、曝光机制、监管政策等（Gul et al.，2011；李艳丽等，2012；翟胜宝等，2015；薛健等，2017；郝颖等，2018）；内部机制包括公司的分红政策、管理层权力、内部控制等（罗宏和黄文华，2008；张铁铸和沙曼，2014；牟韶红等，2016）。董事会是公司治理的关键（Gillan，2006），审计委员会作为董事会中独立于管理层的专业委员会，负有监督财务信息、内部控制、经营活动的重要职责，因此审计委员会的履职效果在很大程度上影响了公司管理层的行为与决策，其中包括对管理层机会主义行为的抑制，但其对高管在职消费行为的影响似乎并未引起关注，也鲜有文献对其进行讨论。

首先，作为公司内部对财务报告生成过程进行监督与控制的治理机制，强化审计委员会的履职披露，会促进审计委员会对财务信息的监督，提高企业信息质量与透明度，进而抑制管理层在职消费。在两权分离的制度下，定期的信息披露是缓解管理者与股东信息不对称的有效方式，但管理者基于其对公司经营活动的信息优势，能够选择信息披露的内容与方式。有文献表明，当公司治理机制较弱时，管理者更倾向于做出有利于自身而损害公司利益的决策，并选择隐瞒或操纵该信息（罗炜和朱春艳，2010）。与世界其他一些国家和地区的经理人薪酬相比，我国管理层的报酬水平相对较低，管理者很可能存在通过在职消费来弥补其薪酬激励不足的动机，并借信息披露的操纵来实现这一动机。因此，作为董事会对管理层的监督机构，提高审计委员会透明度，会促使审计委员会重视自己的责任与绩效，增加对企业财务信息环境中重要领域的关注与怀疑，以此减少管理层实施在职消费行为的机会。

其次，提高审计委员会透明度，会促进审计委员会提高其履职效率，增强对企业内部控制的监督，减少管理层在职消费行为。内部控制的监管是《上市公司治理准则》赋予审计委员会的重要治理职能（王跃堂和涂建明，2006）。相比美国财务报告内部控制的限定，我国的企业内部控制并不局限于"财务报告内部控制"，还包括战略经营目标，这就决定了我国审计委员会对内部控制的监督是包含非财务报告内部控制在内的整体内部控制。在高质量的内部控制环境中，有效的风险评估会对可能发生的管理层侵占公司利益的风险进行评估并及时采取应对措施；有效的控制活动会促使公司完善财产管理制度，对企业的资产和记录采取安全保护措施,信息沟通促使公司建立良好的沟通渠道,使治理层更准确、全面地掌握企业内部信息,减少与管理层的信息不对称(牟韶红等,2016)。因此,作为公司内部控制的监管机构,提高审计委员会透明度,一方面促使审计委员会增强对企业内部控制的监督,提高内部控制的有效性,以此减少管理层在职消费自利行为的机会;另一方面,提高透明度会提高审计委员会相对于管理层的独立性,有利于保证审计委员会对内部控制与管理层的有效监督。

最后,通过强化审计委员会信息披露制度,引入社会监督和新闻媒体的关注,会增加审计委员会成员的声誉风险,促进审计委员会勤勉高效地履行监督职责,抑制管理层在职消费行为。党的十八大以来,中央不断加大反腐力度,坚持无禁区、全覆盖、零容忍的反腐目标,针对职务消费等现象出台多项配套政策,同时借助政府审计的外部监督手段深入对在职消费的查处(郝颖等,2018)。一旦公司高管因在职消费、贪污浪费等爆出丑闻,不仅公司股价下跌、高管受到惩处,在国家大力反腐、审计严管的大背景下,审计委员会作为企业内部审计的直管部门,也会遭受利益、声誉的损失,甚至面临诉讼风险。同时,新闻媒体的介入和后续报道,会使事件的负面影响持续甚至发酵。因此,提高审计委员会透明度,出于外界监督的压力,以及法律风险、个人声誉等因素的考虑,审计委员会会增加严格监督的主动性、减少高管在职消费的行为。

由此,提出:假设2:在其他条件一定的情况下,审计委员会透明度与在职消费负相关。

第三节 研究设计

一、样本选择和数据来源

本章利用上交所2013年发布的《上海证券交易所上市公司董事会审计委员会运作指引》,把要求上市公司强制披露审计委员会信息这一外生冲击作为准自然实验,根据在职消费数据披露时间,选取2010~2017年我国A股上市公司为研究对象①。由于主板上市公司与中小板、创业板公司存在系统性差异,可能影

---

① 本章在职消费的数据主要来源于年报附注中对管理费用性质与金额的披露,在2010年之前,披露管理费用具体项目信息的上市公司极少,因此本章选取2010年及以后的数据进行检验。

响沪市与深市两组公司特征信息、在职消费的对比检验结果，因此对样本内中小板与创业板公司予以剔除。此外，本章进一步剔除金融类企业和相关变量数据缺失的观测值。在此样本基础上，采用倾向得分匹配法（PSM）对沪市主板公司与深市主板公司按照1∶1近邻匹配，最终获得5308个样本观测值。企业财务数据、公司治理数据及审计委员会特征数据均来自CSMAR数据库。为避免极端值的影响，对模型中的连续变量按照1%进行缩尾处理（见表5-1）。

表5-1　样本筛选过程

描述	观测值
A股上市公司观测（2010~2017年）	31100
减：创业板和中小板观测	（13210）
减：金融类公司观测	（366）
减：主要变量缺失的观测	（7884）
PSM匹配前样本观测	9640
减：未匹配成功观测	（4332）
最终样本观测	5308

资料来源：笔者整理。

二、模型设定

为检验审计委员会透明度对高管在职消费的影响，本章构建双重差分回归模型（1）。其中，系数 α_3 表示2013年《上海证券交易所上市公司董事会审计委员会运作指引》的政策效应，如果 α_3 显著小于0，则接受假设2，即随着审计委员会透明度提高，公司高管在职消费降低。

$$Perk = \alpha_0 + \alpha_1 Exchange_{it} + \alpha_2 Post_{it} + \alpha_3 Exchange_{it} \times Post_{it} + Control + \varepsilon_{it} \qquad (5-1)$$

其中，Perk为被解释变量，表示企业高管在职消费水平，Perk值越大表明公司高管在职消费数额越大。根据以往的做法，将可能与企业高管人员在职消费有关的费用项目分为八类：办公费、差旅费、业务招待费、通信费、出国培训费、董事会费、小车费和会议费，公司的在职消费数据由上述各明细项目加总得到，具体信息在年报附注管理费用的披露中获取。

Exchange为股票交易所，如上文分析，上交所在2013年发布的指引，深交所并不适用，因此如果上市公司所属交易所为上交所，则Exchange变量赋值为

1，否则为 0（即上交所为 Treat 组、深交所为 Control 组）。Post 为政策时间变量，如果会计年度为 2013 年之后（包含 2013 年），则 Post 变量赋值为 1，否则为 0。

结合相关文献，在回归方程（5-1）中，我们还控制了公司规模（Size）、财务杠杆（Lev）、公司成长性（Grow）、总资产回报率（Roa）、公司是否亏损（Loss）、两职合一（Dual）、第一大股东持股比例（Top1）、董事会规模（Brd）、员工数量（Employee）、高管与员工相对薪酬（Resalary）、ST 状态（St）等控制变量（详细定义见表 5-2）。此外，本章还控制了行业和年度固定效应。

表 5-2　变量定义

变量	定义
Perk	公司在职消费总额的自然对数
Exchange	股票交易所，如果上市公司所属交易所为上交所，则 Exchange 赋值为 1，否则为 0
Post	政策时间变量，如果会计年度 t≥2013，则 Post 赋值为 1，否则为 0
Size	公司规模，等于期末总市值的自然对数
Lev	财务杠杆，等于期末总负债/期末总资产
Grow	公司成长性，等于当期营业收入增长率
Roa	总资产回报率，等于净利润/期末总资产
Loss	是否亏损，如果公司净利润小于 0，则 Loss 赋值为 1，否则为 0
Dual	两职合一，如果董事长和总经理为同一人，则 Dual 赋值为 1，否则为 0
Top1	第一大股东持股比例
Brd	董事会规模，以董事会人数表示
Employee	企业员工人数的自然对数
Resalary	相对薪酬，等于高管平均薪酬/员工平均薪酬
St	特别处理，如果公司当年处于 ST 状态，则 St 赋值为 1，否则为 0

资料来源：笔者整理。

第四节　实证结果与分析

一、描述性统计

为减少样本个体差异带来的估计偏误，书中采用倾向得分匹配法（PSM），对沪市主板公司与深市主板公司进行样本匹配，从而加强审计委员会透明度与高管在职消费的因果效应检验。采用 Logit 模型，基于政策实施前一年（2012 年）的上市公司样本，选取 DID 模型（模型 1）中所有公司层面的控制变量和行业哑变量作为匹配因素进行匹配，以此确定实验组（Exchange = 1）和控制组（Exchange = 0）公司，该匹配方式保证了政策实施前后样本公司的一致性，减少政策效应检验中样本层面的潜在干扰因素。表 5-3 中 Panel A、Panel B 显示了实验组和控制组样本在匹配前后的比较结果，可以看出，匹配前（Panel A）两组公司在各个特征变量方面均存在显著差异；然而匹配后（Panel B）两组公司的特征变量基本不存在显著差异，且两组公司亦不存在系统差异（Pscore 不显著）。

Panel C 为最终回归样本描述性统计结果，其中在职消费（Perk）的标准差为 1.270，表明不同公司间的高管在职消费水平存在明显差异，经匹配后的样本于在职消费方面有一定区分度；整体而言，其他控制变量的均值和中位数较为接近，不存在明显的偏态分布。

表 5-3　描述性统计

Panel A　PSM 匹配前样本均值差异			
Variables	Exchange = 0 （N = 3047）	Exchange = 1 （N = 6593）	Difference
Size	22.567	22.746	−0.179 ***
Lev	0.478	0.486	−0.008 *
Grow	0.274	0.223	0.051 ***
Roa	0.028	0.032	−0.003 ***
Loss	0.133	0.110	0.023 ***
Dual	0.166	0.151	0.015 *
Top1	0.340	0.372	−0.032 ***
Brd	8.969	9.055	−0.085 **
Employee	7.753	7.891	−0.138 ***
Resalary	3.050	2.771	0.279 ***
St	0.052	0.042	0.010 **

续表

Panel B　PSM 匹配样本均值差异

Variables	Exchange = 0 （N = 369）	Exchange = 1 （N = 369）	Difference
Size	22.153	22.070	0.083
Lev	0.470	0.464	0.005
Grow	0.211	0.228	−0.017
Roa	0.031	0.031	0.000
Loss	0.117	0.095	0.022
Dual	0.160	0.173	−0.014
Top1	0.354	0.348	0.006
Brd	9.136	9.141	−0.005
Employee	7.693	7.726	−0.032
Resalary	2.984	3.071	−0.087
St	0.062	0.068	−0.005
_Pscore	0.642	0.634	0.008

Panel C　回归样本描述性统计

Variables	N	Mean	Std. Dev.	25%	Median	75%
Perk	5308	17.040	1.270	16.220	16.990	17.800
Size	5308	22.540	0.948	21.870	22.440	23.110
Lev	5308	0.480	0.212	0.321	0.478	0.638
Grow	5308	0.240	0.851	−0.048	0.088	0.253
Roa	5308	0.029	0.056	0.009	0.026	0.053
Loss	5308	0.119	0.323	0.000	0.000	0.000
Dual	5308	0.156	0.363	0.000	0.000	0.000
Top1	5308	0.343	0.152	0.223	0.317	0.446
Brd	5308	9.021	1.920	8.000	9.000	9.000
Employee	5308	7.772	1.392	6.931	7.826	8.650
Resalary	5308	3.014	2.578	1.405	2.246	3.693
St	5308	0.048	0.213	0.000	0.000	0.000

注：***、**、*分别表示在1%、5%、10%水平上显著。

资料来源：笔者整理。

二、多元回归分析

表5-4为假设2的检验结果。其中，第（1）列结果显示，在控制行业年度、不加入任何公司层面控制变量的情况下，Exchange的系数不显著（t=-1.00）、Exchange×Post的系数显著为负（t=-3.82）；第（2）列结果显示，在进一步控制企业特征层面变量后，Exchange的系数不显著（t=0.22）、Exchange×Post的系数仍为负且在1%水平上显著（t=-3.27）。以上结果表明，在审计委员会信息披露监管政策实施前，实验组与控制组公司的在职消费水平没有显著差异（Exchange的系数不显著）；然而在政策实施后，相比于控制组，实验组上市公司的高管在职消费显著下降（Exchange×Post的系数显著为负），证实了提高审计委员会透明度对企业高管在职消费的抑制作用，支持了假设2。

表5-4 审计委员会透明度与在职消费

Dep. Variable	(1) Perk	(2) Perk
Exchange	-0.070	0.010
	(-1.00)	(0.22)
Exchange×Post	-0.102***	-0.063***
	(-3.82)	(-3.27)
Post	0.432***	0.032
	(22.05)	(1.43)
Size		0.633***
		(17.23)
Lev		-0.880***
		(-7.32)
Grow		-0.007
		(-0.46)
Roa		-0.354
		(-0.86)
Loss		-0.059
		(-0.77)
Dual		0.029
		(0.56)

续表

Dep. Variable	(1) Perk	(2) Perk
Top1		−0.479***
		(−2.94)
Brd		0.027**
		(2.08)
Employee		0.420***
		(12.51)
Resalary		−0.028**
		(−2.08)
St		−0.206**
		(−2.07)
Constant	16.512***	−0.156
	(101.90)	(−0.19)
Year & Industry	控制	控制
N	5308	5308
Adj. R²	0.068	0.633

注：括号内为 t 值，***、** 和 * 分别表示在 1%、5% 和 10% 的水平上显著。为控制异方差的影响，对回归系数标准误进行公司层面和时间层面的 Cluster 处理。下同。

资料来源：笔者整理。

在控制变量方面：公司规模（Size）、董事会规模（Brd）的系数显著为正，表明公司规模越大，高管在职消费的绝对额越多，而在职消费中包含差旅费、董事会费等董事会相关项目，随着董事会规模的增加，在职消费水平上升。财务杠杆（Lev）的系数为负，表明随着财务杠杆的提高，企业偿债压力增加，债权人因企业的债务风险而提高谨慎、增强对企业财务的监督，进而对企业高管人员的在职消费产生一定的制约。第一大股东持股比例（Top1）的系数为负，表明随着大股东持股比例的提高，高管在职消费行为减少，原因可能在于在职消费本身是为股东与管理层代理成本的重要表现形式，随着股权集中，股东的控制与监督程度增强，一定程度上抑制了高管在职消费的机会。相对薪酬（Resalary）的回归系数显著为负，表明高管人员与其他员工的相对薪酬越低，企业高管人员通过在职消费谋取私利的欲望越强。St 的回归系数显著为负，显然当企业处于 ST 状态时，管理层在职消费行为的动机与机会不足，从而导致企业在职消费水平较低。

审计委员会透明度的经济后果：基于中国背景的准自然实验研究

第五节 进一步检验

一、基于审计委员会特征检验

1999 年，SEC 授权审计委员会作为"投资者利益和公司责任的最终监护人"，并为 NYSE 和 NASDAQ 的上市公司制定了新的审计委员会组成标准，旨在提高审计委员会的质量与效率。但近年来发生的会计丑闻和公司欺诈，使得公众对审计委员会是否提供实质性的监督产生了极大的质疑。在审计委员会组织形式的改革进程中，已有大量文献对审计委员会的特征进行实证检验，但这些文献的研究结论并不能对审计委员会特征效果进行完全肯定：第一，大多数先前的研究隐含地假设审计委员会特征能发挥预期的效果，但这些特征可能只捕获形式而不是产生实质有效性（Lisic et al.，2016）；第二，在已有文献对审计委员会特征与其效果的因果检验中，一个重要的问题在于没有很好地排除公司治理环境的内生性影响（Chang et al.，2017）。对此，Kim 和 Klein（2017）以 SEC 1999 年对审计委员会的标准规则变更为依据，发现公司执行对审计委员会的规模、独立性的形式要求后，并未产生更好的市场价值或更好的财务报告质量，即监管者要求的审计委员会形式特征并未转化成实质有效性的履职。根据该结论，仅依靠规定审计委员会的特征形式无法将审计委员会转变为价值最大化的组织，如何将这种特征要求纳入审计委员会履职的治理效应中仍待检验。因此，本章利用我国审计委员会透明度的信息披露政策效应，为审计委员会的特征与其履职关系提供进一步的经验证据。

参考以前的文献（Cohen et al.，2014；王跃堂和涂建明，2006；向锐和杨雅婷，2016），从审计委员会规模、专业性两个方面，检验审计委员会透明度在审计委员会特征履职效果的作用。其中，审计委员会规模以审计委员会成员数量衡量，并以人数是否超过当年所在行业审计委员会人数中位数，划分规模大小；审计委员会专业性则以审计委员会成员中具有财务专业教育背景的专家比例衡量，并以专家比例是否超过当年所在行业审计委员会专家比例中位数进行划分。专业教育背景能够在一定程度上反映审计委员会成员的学识系统性和技术水平专业性，有文献表明审计委员会成员受专业教育水平越高，其认知能力和信息分析越

· 100 ·

强，能够凭借系统、扎实的专业知识更好地识别企业财务风险（向锐等，2017）。

表5-5和表5-6中的结果显示，在实施信息披露监管政策后，有较好审计委员会特征的公司（审计委员会规模较大、专业性较强），其高管在职消费水平显著下降（Exchange×Post的系数显著为负）。该结论表明提高审计委员会透明度后，具有较好特征的审计委员会能够更好地履行监督职责，实现其应有的治理效应。这也在一定程度上支持了Kim和Klein（2017）的结论，表明仅仅在形式上强调审计委员会的特征并不足以确保审计委员会的有效履职，而审计委员会透明度则是审计委员会的形式特征转为实质有效性的重要决定因素。

表5-5 基于审计委员会规模特征视角

Dep. Variable	（1） 审计委员会规模大 Perk	（2） 审计委员会规模小 Perk
Exchange	0.160*	−0.055
	(1.86)	(−0.94)
Exchange×Post	−0.145**	−0.038
	(−2.12)	(−0.94)
Post	0.103*	0.008
	(1.81)	(0.25)
Size	0.634***	0.628***
	(10.40)	(14.56)
Lev	−0.847**	−0.912***
	(−3.44)	(−6.82)
Grow	−0.026	−0.000
	(−1.00)	(−0.00)
Roa	−0.220	−0.442
	(−0.27)	(−0.93)
Loss	−0.033	−0.077
	(−0.34)	(−0.95)
Dual	0.165*	−0.012
	(1.69)	(−0.22)
Top1	−0.064	−0.701**
	(−0.25)	(−3.49)

续表

Dep. Variable	（1） 审计委员会规模大 Perk	（2） 审计委员会规模小 Perk
Brd	0.022	0.034*
	(1.04)	(1.96)
Employee	0.367***	0.436***
	(8.02)	(12.13)
Resalary	−0.029	−0.028*
	(−1.49)	(−1.90)
St	0.019	−0.253**
	(0.12)	(−2.65)
Constant	−0.490	−0.038
	(−0.39)	(−0.04)
Year & Industry	控制	控制
N	1498	3810
Adj. R^2	0.614	0.649

注：***、**、*分别表示在1%、5%、10%水平上显著。

资料来源：笔者整理。

表5-6　基于审计委员会专业性特征视角

Dep. Variable	（1） 专业教育背景成员比例高	（2） 专业教育背景成员比例低
	Perk	Perk
Exchange	−0.004	0.094
	(−0.08)	(1.04)
Exchange×Post	−0.048**	−0.114
	(−2.27)	(−1.31)
Post	0.038	0.238**
	(1.62)	(2.28)
Size	0.627***	0.676***
	(15.67)	(10.26)
Lev	−0.945***	−0.744***
	(−7.57)	(−3.62)

续表

Dep. Variable	(1) 专业教育背景成员比例高	(2) 专业教育背景成员比例低
Grow	−0.009	0.001
	(−0.91)	(0.05)
Roa	−0.392	0.013
	(−1.01)	(0.02)
Loss	−0.082	0.011
	(−1.03)	(0.12)
Dual	0.044	−0.039
	(0.78)	(−0.42)
Top1	−0.465***	−0.575**
	(−2.83)	(−2.51)
Brd	0.031**	0.010
	(2.37)	(0.41)
Employee	0.399***	0.476***
	(11.99)	(9.38)
Resalary	−0.030**	−0.018
	(−2.10)	(−0.95)
St	−0.280***	0.185
	(−3.40)	(0.92)
Constant	0.140	−1.771
	(0.16)	(−1.45)
Year & Industry	控制	控制
N	4205	1103
Adj. R^2	0.629	0.668

注：***、**、*分别表示在1%、5%、10%水平上显著。

资料来源：笔者整理。

二、横截面检验

(一)基于内部治理环境视角

在职消费本身就是代理问题的一种重要表现形式，受到公司内部治理环境的影响，薄弱的公司治理将会赋予经理人实施在职消费的机会。管理层权力作为公司治理结构的重要安排，其权力膨胀的直接指向就是自定薪酬（权小锋等，

2010）。管理层权力理论认为，管理层有能力影响自己的薪酬并运用权力寻租，权力越大寻租的动机与机会越大（Bebchuk and Fried，2006），而在我国薪酬管制的背景下，通过在职消费获得私有收益的途径可能会更易实施。此时，审计委员会作为独立于管理层的内部监督治理机制，在其对公司财务、经营活动进行监督过程中，必将对高管在职消费行为产生抑制作用。因此，相比于管理层权力较低的公司，我们预期提高审计委员会透明度对在职消费的抑制作用在管理层权力较高的公司中更为显著。

在我国现代企业中，普遍存在两职合一的领导权结构，而委托代理理论认为，两职合一将赋予管理层更大的权力，使其有更大的动机与机会进行寻租。因此，参考权小锋等（2010）的做法，选择董事长与总经理是否两职合一来衡量管理层权力，如果公司董事长与总经理为两职合一，表明公司管理层权力较大、内部治理环境较为薄弱。表 5-7 中的结果显示，在两职合一的公司中 Exchange×Post 的系数显著为负，表明提高审计委员会透明度，有助于促进其治理效应、缓解上市公司的代理问题，降低公司在职消费水平。

表 5-7　基于内部治理环境视角

Dep. Variable	（1） 两职合一 Perk	（2） 非两职合一 Perk
Exchange	−0.084	0.029
	（−0.85）	（0.57）
Exchange×Post	−0.267**	−0.033
	（−2.43）	（−1.49）
Post	0.046	0.032
	（0.56）	（1.15）
Size	0.602***	0.630***
	（7.99）	（16.26）
Lev	−0.927***	−0.868***
	（−3.66）	（−7.09）
Grow	0.009	−0.012
	（0.32）	（−0.92）
Roa	0.227	−0.366
	（0.39）	（−0.77）

续表

Dep. Variable	(1) 两职合一 Perk	(2) 非两职合一 Perk
Loss	0.107	-0.093
	(0.83)	(-1.15)
Dual	0.000	0.000
	(0.00)	(0.00)
Top1	-0.533*	-0.474***
	(-1.91)	(-2.67)
Brd	0.020	0.027*
	(0.73)	(2.00)
Employee	0.464***	0.409***
	(7.64)	(12.13)
Resalary	-0.029	-0.029**
	(-1.10)	(-2.07)
St	-0.239	-0.215**
	(-1.13)	(-2.13)
Constant	-0.024	0.054
	(-0.01)	(0.06)
Year & Industry	控制	控制
N	826	4482
Adj. R²	0.702	0.624

注：***、**、*分别表示在1%、5%、10%水平上显著。

资料来源：笔者整理。

（二）基于外部治理环境视角

从在职消费的动因来看，在职消费的形成源于代理制度下的管理层自我激励，而在市场不完善的环境下，在职消费问题更为普遍（郝颖等，2018）。有效的外部治理环境，因其信息传递的准确性、及时性，以及完善的制度，能够对管理层的懈怠、自利行为发挥积极的约束作用（Giroud and Mueller，2010）。反之，薄弱的外部治理环境因其不成熟的制度约束，以及严重的信息不对称性，给予了管理层利益侵占的动机与空间。此时，审计委员会作为独立于管理层的内部监督治理机制，在其向外界报告监督信息的过程中，必将对高管在职消费行为产生抑制作用。因此，相比于外部治理环境较好的公司，我们预期提高审计委员会透明度对在职消费的抑制作用在外部治理环境较弱的公司中更为显著。

外部机构投资者因其专业能力和信息优势，能够在公司治理中发挥监管作用，降低管理层的机会主义行为（Bushee，1998；Chung et al.，2002；Wahal and McConnell，2000）。因此，参考薄仙慧和吴联生（2009）的做法，选择机构投资者持股比例作为公司外部治理环境的代理变量，如果机构投资者持股比例较低，表明公司来自外部投资者的监督较少、治理环境较为薄弱。表 5-8 中的结果显示，在机构投资者持股比例较低的公司中 Exchange×Post 的系数显著为负，表明提高审计委员会透明度，有助于促进其监督履职、发挥其治理效应，降低公司在职消费水平。

表 5-8　基于外部治理环境视角

Dep. Variable	（1） 机构投资者持股比例高 Perk	（2） 机构投资者持股比例低 Perk
Exchange	0.024 （0.39）	−0.023 （−0.45）
Exchange×Post	−0.029 （−0.79）	−0.072* （−1.76）
Post	0.084** （2.00）	−0.058* （−1.83）
Size	0.656*** （12.03）	0.641*** （14.73）
Lev	−1.270*** （−7.73）	−0.676*** （−5.40）
Grow	−0.035* （−2.07）	0.008 （0.78）
Roa	−0.493 （−0.66）	0.191 （0.75）
Loss	−0.199 （−1.42）	0.068 （1.39）
Dual	0.056 （0.85）	−0.007 （−0.11）

续表

Dep. Variable	（1） 机构投资者持股比例高 Perk	（2） 机构投资者持股比例低 Perk
Top1	-0.705**	-0.348*
	(-2.96)	(-1.92)
Brd	0.012	0.042**
	(0.70)	(2.88)
Employee	0.426***	0.415***
	(9.47)	(13.67)
Resalary	-0.039**	-0.018
	(-2.60)	(-1.56)
St	-0.290*	-0.188*
	(-2.00)	(-1.99)
Constant	-0.368	-0.489
	(-0.30)	(-0.55)
Year & Industry	控制	控制
N	2587	2721
Adj. R²	0.601	0.630

注：***、**、*分别表示在1%、5%、10%水平上显著。

资料来源：笔者整理。

三、替代性解释的检验

2012 年 12 月 4 日，中国共产党十八届中央政治局会议审议通过《十八届中央政治局关于改进工作作风、密切联系群众的八项规定》，严厉整治享乐主义、奢靡之风，该规定主要作用于国有上市公司。根据已有文献，该规定的实施的确对国有企业的高管在职消费水平起到了有效的抑制作用（褚剑和方军雄，2016；刘磊等，2019）。根据该规定的审议通过时间，其应于 2012 年底开始实施并对 2013 年及以后的公司在职消费产生影响。因此，本章对 2013 年的上交所审计委员会监管政策与公司在职消费的关系检验，可能受到该规定政策的影响。

为保证本章研究结论的可靠性，我们在模型（1）的基础上进一步考虑该规定的可能影响，根据已有文献的研究结论，主要以国有企业的政策效果作为影响的替代变量。表5-9 中报告了该替代性解释的检验结果，可以看出，与已有文献一致，该规定的实施对高管在职消费产生了显著的抑制作用（Soe×Post 的系数显著为负），在控制该政策影响后，上交所的审计委员会监管政策效应依然存在（Exchange×Post 的系数显著为负），表明审计委员会透明度的提高的确降低了高管在职消费水平。

表 5-9　替代性解释的检验：《十八届中央政治局关于改进工作作风、密切联系群众的八项规定》的影响

Dep. Variable	(1) Perk	(2) Perk
Exchange	−0.071	0.009
	(−1.02)	(0.21)
Exchange×Post	−0.100**	−0.065**
	(−3.21)	(−3.13)
Post	0.662***	0.120**
	(11.72)	(3.16)
Soe×Post	−0.332***	−0.134**
	(−4.32)	(−2.66)
Soe	0.417***	0.046
	(5.94)	(0.95)
Size		0.627***
		(17.17)
Lev		−0.884***
		(−7.33)
Grow		−0.009
		(−0.63)
Roa		−0.347
		(−0.84)
Loss		−0.060
		(−0.77)
Dual		0.019
		(0.35)
Top1		−0.458**
		(−2.79)

续表

Dep. Variable	(1) Perk	(2) Perk
Brd		0.028* (2.19)
Employee		0.425*** (11.21)
Resalary		−0.030* (−2.10)
St		−0.200* (−2.02)
Constant	16.151*** (93.78)	−0.097 (−0.12)
Year & Industry	控制	控制
N	5308	5308
Adj. R²	0.079	0.634

注：***、**、*分别表示在1%、5%、10%水平上显著。

资料来源：笔者整理。

四、经济后果的检验

审计委员会作为公司董事会的专业组织机构，其预期履职效果不仅仅是对财务报告信息的监督，更多的是其在经营活动监督中发挥的治理效应。公司治理的最终目的是延续竞争优势、创造企业价值，而企业价值的创造依赖于公司战略决策的制定与选择的合理性。审计委员会应能够通过监督管理层、限制管理层机会主义行为，进而促进管理层选择与企业利益相一致的战略决策，最终提升企业价值。在职消费，通常被认为是由于管理层权力和信息不对称，管理层侵占公司资产与利益的机会主义行为。大量的实证研究表明，在职消费是公司代理问题的体现，最终会损害公司价值（Cai et al.，2011；Rajan and Wulf，2006；周玮，2010）。

如果审计委员会透明度对企业价值产生影响，那么审计委员会透明度对高管在职消费的抑制效应在其中的作用如何？为了更好地理解提高审计委员会透明度的经济后果，本章进一步检验了信息披露政策的实施是否能最终提升企业价值，以及在职消费在其中发挥的作用。因此，在模型（1）的基础上构建了以下回归方程：

$$Tobin\ Q = \alpha_0 + \alpha_1 Exchange_{it} \times Post_{it} + \alpha_2 Exchange_{it} + \alpha_3 Post_{it} + Control + \varepsilon_{it} \quad (5-2)$$

$$Tobin\ Q = \alpha_0 + \alpha_1 Exchange_{it} \times Post_{it} + \alpha_2 Perk_{it} + \alpha_3 Exchange_{it} + \alpha_4 Post_{it} + Control + \varepsilon_{it}$$

$$(5-3)$$

模型（2）考察的是 2013 年审计委员会信息披露监管政策的实施对企业价值（Tobin Q）的影响；模型（3）加入高管在职消费作为中介变量，考察高管在职消费在审计委员会透明度与企业价值关系中的中介效应。

表 5-10 中第（1）列的结果显示，2013 年审计委员会信息披露监管政策的实施与企业价值正相关（Exchange×Post 的系数显著为正），表明审计委员会透明度的提高有助于企业价值的提升。第（2）列的结果显示，在加入中介变量 Perk 后，政策效应变量 Exchange×Post 与企业价值 Tobin Q 仍然呈正相关关系，但相关系数降低，结合表 4-4 中 Exchange×Post 与中介变量 Perk 的负相关关系，说明在职消费在审计委员会信息披露政策效应与企业价值的关系中存在部分中介效应，即审计委员会透明度提高、高管在职消费水平下降，会在一定程度上提升企业价值。

表 5-10 经济后果的检验：企业价值

Dep. Variable	（1） Tobin Q	（2） Tobin Q
Exchange×Post	0.336***	0.305***
	(3.02)	(2.79)
Perk		−0.491***
		(−14.32)
Exchange	−0.245***	−0.240***
	(−2.76)	(−2.76)
Post	0.700***	0.412***
	(5.37)	(3.18)
Size	0.809***	1.119***
	(18.75)	(23.54)
Lev	0.844***	0.412***
	(5.29)	(2.58)

续表

Dep. Variable	(1) Tobin Q	(2) Tobin Q
Grow	0.028	0.025
	(0.86)	(0.78)
Roa	0.511	0.338
	(0.72)	(0.49)
Loss	0.763***	0.735***
	(6.83)	(6.70)
Dual	0.182	0.197***
	(2.40)	(2.64)
Top1	−0.678***	−0.913***
	(−3.45)	(−4.72)
Brd	−0.063***	−0.050***
	(−4.13)	(−3.31)
Employee	−1.199***	−0.993***
	(−38.87)	(−29.64)
Resalary	0.090***	0.077***
	(6.90)	(5.94)
St	1.666*	1.565***
	(12.20)	(11.66)
Constant	−2.832*	−2.866*
	(−1.72)	(−1.78)
Year & Industry	控制	控制
N	5308	5308
Adj. R²	0.419	0.441

注：***、**、*分别表示在1%、5%、10%水平上显著。

资料来源：笔者整理。

第六节 稳健性检验

一、平行趋势检验

前文结论表明提高审计委员会透明度之后，上市公司的高管在职消费水平显著下降。但该结论可能受到上交所与深交所公司自身异质性的影响，如所处的制度环境与市场环境的不同，导致公司在职消费水平的差异，如果该假设成立，则在政策实施之前，实验组上交所公司的在职消费水平可能就低于控制组深交所。参考 Atanassov（2013）和 Cornaggia 等（2015）的做法，将模型（1）中 Post 变量拆分为 $Before^{-2}$、$Before^{-1}$、Current 和 After 几个时间虚拟变量。其中 $Before^{-2}$ 为样本年份在 2011 年（政策实施前两年）取值 1，否则为 0；$Before^{-1}$ 为样本年份在 2012 年（政策实施前一年）取值 1，否则为 0；Current 为样本年份在 2013 年（政策实施当年）取值 1，否则为 0；After 为样本年份大于或等于 2014 年（政策实施后）取值 1，否则为 0。

即检验模型为：

$$Perk = \alpha_0 + \alpha_1 Exchange_{it} + \alpha_2 Before_{it}^{-2} + \alpha_3 Before_{it}^{-1} + \alpha_5 Current_{it} + \alpha_5 After_{it} +$$
$$\alpha_6 Exchange_{it} \times Before_{it}^{-2} + \alpha_7 Exchange_{it} \times Before_{it}^{-1} + \alpha_8 Exchange_{it} \times Current_{it} +$$
$$\alpha_9 Exchange_{it} \times After_{it} + Control + \varepsilon_{it} \tag{5-4}$$

表 5-11 结果显示：在政策实施前，实验组与控制组样本公司的在职消费水平没有显著差异，表明两组样本间不存在明显的异质性（$Exchange \times Before^{-2}$、$Exchange \times Before^{-1}$ 系数不显著）；政策实施当年及之后，实验组公司的在职消费水平显著低于控制组，说明该政策实施显著降低了企业高管在职消费水平（$Exchange \times Current$、$Exchange \times After$ 显著为负），进一步证实了审计委员会透明度对在职消费抑制作用的有效性。

表 5-11　平行趋势检验

Dep. Variable	(1) Perk
Exchange	−0.004
	(−0.08)
$Exchange \times Before^{-2}$	0.008
	(0.36)
$Exchange \times Before^{-1}$	−0.011
	(−0.40)
$Exchange \times Current$	−0.044*
	(−1.65)

续表

Dep. Variable	(1) Perk
Exchange×After	−0.053* (−1.75)
$Before^{-2}$	0.329*** (19.96)
$Before^{-1}$	0.341*** (19.79)
Current	0.298*** (18.77)
After	−0.144*** (−4.73)
Size	0.633*** (17.20)
Lev	−0.881*** (−7.31)
Grow	−0.007 (−0.46)
Roa	−0.355 (−0.86)
Loss	−0.059 (−0.76)
Dual	0.029 (0.56)
Top1	−0.479** (−2.93)
Brd	0.027* (2.02)
Employee	0.420*** (12.37)
Resalary	−0.028* (−2.06)
St	−0.206* (−2.07)

续表

Dep. Variable	(1) Perk
Constant	−0.149
	(−0.18)
Year & Industry	控制
N	5308
Adj. R²	0.633

注：＊＊＊、＊＊、＊分别表示在1%、5%、10%水平上显著。

资料来源：笔者整理。

二、在职消费变量的其他度量

由于在职消费数据获取的限制性，很难准确地衡量在职消费变量，目前对于在职消费数据主要存在两种度量方式。一种方式是将可能与企业高管在职消费有关的费用分为八类：办公费、差旅费、业务招待费、通信费、出国培训费、董事会费、小车费和会议费，公司的在职消费数据由上述各项目加总得到（陈冬华等，2005）。另一种方式基于管理费用扣除非在职消费项目，具体为管理费用扣除高管薪酬、计提的坏账准备、存货跌价准备以及无形资产摊销等（Luo 等，2011；权小锋等，2010）。

本章的主检验模型中采用的是第一种直接在职消费的衡量方式，为排除在职消费变量的不同衡量方式对估计结果的影响，在此参考 Luo 等（2011）、权小锋等（2010）的方法，采用第二种方式重新计算在职消费。但是，由于2007年会计准则发生变化，《企业会计准则》（2006年版）中规定，坏账准备计提和存货跌价准备不再计入管理费用（牟韶红等，2016），因此具体的在职消费计算为管理费用扣除高管薪酬、无形资产摊销、长期待摊摊销、固定资产折旧。表5−12中第（1）列的结果显示，采用第二种间接扣除的方式计算在职消费，Exchange×Post 的系数仍显著为负，表明相比于深交所，上交所上市公司的在职消费水平在审计委员会透明度提高后显著下降，结论依然成立。

此外，依据在职消费的性质，现有研究进一步将其区分为正常水平的在职消费和超额在职消费（Luo et al.，2011）：正常水平的在职消费是满足企业经营需要下契约不完备的产物（陈冬华等，2005）；然而超额在职消费则是超出正常水平，由于代理问题产生的管理层自利行为（耿云江和王明晓，2016）。因此，借鉴 Luo 等（2011）的方法测算超额在职消费，进一步检验审计委员会透明度对超额在职消费的影响，具体模型如下：

$$LnPerk = \alpha_0 + \alpha_1 LnEmp_t + \alpha_2 Magsize_t + \alpha_3 LnSale_t + \alpha_4 Roa_t + \alpha_5 Confer_t + \alpha_6 \left(\frac{P}{A}\right) +$$

$$\alpha_7 Com_t + \alpha_8 Lev_t + \alpha_9 Area_t + \varepsilon_t \tag{5-5}$$

其中，Emp 为员工人数，Magsize 为管理层规模，Sale 为营业收入，Confer 为管理层会议次数，P/A 为固定资产占比，Com 为四个董事会委员会设立情况（具体为四委设立的哑变量之和），Area 为公司所处地区（北京、上海、广州、深圳为 4，东部地区为 3，中部地区为 2，西部地区为 1）。在此模型基础上回归得到的残差就是在职消费中偏离正常水平的异常部分。表 5-12 中第（2）列结果显示，Exchange×Post 的系数显著为负，表明审计委员会透明度对超额在消费同样存在显著的抑制作用。

表 5-12 其他在职消费变量的度量方法

Dep. Variable	(1) Perk	(2) Abperk
Exchange	0.007	0.020
	(1.56)	(0.54)
Exchange×Post	−0.016*	−0.041**
	(−1.70)	(−2.02)
Post	0.020**	−0.062**
	(2.07)	(−3.35)
Size	−0.001	0.205***
	(−0.18)	(6.36)
Lev	0.023	−0.165
	(1.13)	(−1.85)
Grow	0.050	−0.016
	(1.75)	(−1.49)
Roa	0.031	−0.535
	(0.42)	(−1.59)
Loss	0.011*	0.018
	(2.20)	(0.28)

续表

Dep. Variable	(1) Perk	(2) Abperk
Dual	−0.002	0.042
	(−0.25)	(0.95)
Top1	0.015	−0.504***
	(0.66)	(−3.65)
Brd	−0.002	0.008
	(−1.39)	(0.82)
Employee	0.001	−0.061**
	(0.35)	(−3.30)
Resalary	−0.000	−0.010
	(−0.57)	(−1.09)
St	0.092	0.131
	(1.18)	(1.87)
Constant	−0.013	−3.948***
	(−0.09)	(−5.80)
Year & Industry	控制	控制
N	5065	5291
Adj. R^2	0.043	0.044

注：***、**、*分别表示在1%、5%、10%水平上显著。

资料来源：笔者整理。

三、其他不同样本的检验

为进一步保证本章检验结果的可靠性，我们考虑采用平衡面板数据进行分析。原因在于，在整个样本期间，某些个体样本在某些年份因为破产或无法跟踪等导致该年份的变量缺失，或者在政策实施后申请上市而新增变量数值，从而影响政策前后控制组与实验组样本公司的可比性。表5-13中第（1）列结果显示，在采用平衡面板数据对样本进行严格的限制后，结论依然成立。

本章在主检验中使用2010~2017年的数据为样本。较长的时间跨度可能会影响双重差分估计的有效性，为此，我们考虑只保留2011~2014年的年度观测，缩短研究期间后再次进行回归检验，结果如表5-13中第（2）列所示，审计委员会透明度的提高显著抑制了高管在职消费。

表 5-13　其他不同样本的检验

Dep. Variable	（1） 平衡面板 Perk	（2） 缩短年限 Perk
Exchange	0.012	−0.000
	（0.21）	（−0.01）
Exchange×Post	−0.045***	−0.039**
	（−3.97）	（−2.08）
Post	−0.173	−0.300***
	（−1.25）	（−13.89）
Size	0.564***	0.618***
	（9.54）	（17.53）
Lev	−1.163***	−0.858***
	（−7.00）	（−6.61）
Grow	−0.011	0.010
	（−0.71）	（1.03）
Roa	0.389	−0.337
	（0.59）	（−0.89）
Loss	−0.008	−0.026
	（−0.08）	（−0.22）
Dual	0.042	0.032
	（0.56）	（0.59）
Top1	−0.367*	−0.482*
	（−1.71）	（−2.93）
Brd	0.028*	0.033*
	（1.71）	（2.73）
Employee	0.443***	0.400***
	（9.38）	（10.98）
Resalary	−0.008	−0.030
	（−0.56）	（−2.23）
St	−0.142	−0.325**
	（−1.14）	（−3.28）

续表

Dep. Variable	(1) 平衡面板 Perk	(2) 缩短年限 Perk
Constant	1.388	0.611
	(1.11)	(0.82)
Year & Industry	控制	控制
N	3272	2756
Adj. R²	0.640	0.641

注：＊＊＊、＊＊、＊分别表示在1%、5%、10%水平上显著。

资料来源：笔者整理。

四、控制公司个体固定效应

虽然在主检验中使用倾向匹配得分法（PSM）对实验组和控制组进行公司特征差异的处理，使两组样本公司的可比性更高，但是依然可能存在其他不可观测的个体因素影响估计结果，因此为进一步排除样本公司非时序变化的特征差异的干扰，这里在样本匹配的基础上控制公司固定效应（代替行业固定效应）。表5-14报告了该种模型设定下的回归估计结果，其中 Exchange×Post 的系数显著为负，主检验结论依然成立。

表5-14　控制公司个体固定效应

Dep. Variable	(1) Perk	(2) Perk
Exchange×Post	−0.093*	−0.061*
	(−1.89)	(−1.72)
Post	0.265***	0.257***
	(7.68)	(11.06)
Size		0.342***
		(7.15)

续表

Dep. Variable	（1） Perk	（2） Perk
Lev		−0.649***
		（−3.89）
Grow		0.005
		（0.40）
Roa		0.482*
		（2.28）
Loss		0.043
		（1.13）
Dual		−0.040
		（−1.27）
Top1		−0.056
		（−0.23）
Brd		0.022*
		（2.02）
Employee		0.398***
		（10.38）
Resalary		−0.030***
		（−4.42）
St		−0.132
		（−1.77）
Constant	16.829***	6.352***
	（1322.96）	（5.86）
Firm	控制	控制
Industry	控制	控制
N	5308	5308
Adj. R^2	0.043	0.315

注：***、**、*分别表示在1%、5%、10%水平上显著。

资料来源：笔者整理。

第七节　本章小结

作为公司内部重要的监督治理机制，审计委员会的设立及相关特征所带来的积极影响已经大量被经验证据证实，但鲜有文献探讨审计委员会履职过程信息的披露会带来何种效应，且在这些文献研究设计中没有很好地排除审计委员会与公司治理的内生性影响。近年来，全球范围内频发的财务舞弊事件，极大地刺激了利益相关者对审计委员会履职信息的需求，随之而来的审计委员会透明度改革的成本与收益亦引起了广泛争议。为此，本章利用 2013 年上交所有关审计委员会履职信息披露规定的准自然实验，通过高管在职消费的视角对此进行了检验。研究发现：审计委员会透明度的提高显著降低了企业高管在职消费，且该效应在内外部治理环境相对薄弱的公司中更加显著；进一步检验发现，审计委员会透明度的提高通过促进审计委员会履职有效性，降低了在职消费；此外，在提高审计委员会透明度、降低管理层在职消费后，最终会带来企业价值的提升。

本书结论从高管在职消费的视角证实了审计委员会透明度的治理收益，为各国正在讨论的审计委员会信息披露改革提供了支持性的经验证据。本章的启示意义在于：审计委员会的设立及相关特征的要求并不是完全的形式主义。相反，有关审计委员会地位、能力等特征的体现，才是审计委员会能够有效履职的根本所在，正如本章所发现的，在提高审计委员会透明度之后，具有较好特征的审计委员会才能抑制高管在职消费正是对此的力证。因此，相关部门要加强对审计委员会履职信息披露的监管，使得审计委员会的"形式"特征真正地发挥作用，从而促进审计委员会的履职有效性。当然，本书也存在一定的缺陷，后续研究可做进一步的补充与完善：第一，审计委员会的监督职责不仅仅涉及代理成本这一方面，未来可通过其他视角验证审计委员会透明度的收益；第二，对于审计委员会透明度的改革，有收益亦有成本，未来可从成本视角探讨审计委员会透明度改革带来的负面影响。

第六章 审计委员会透明度与大股东掏空行为

近年来，随着公众对于上市公司内部治理效率的关注度日益提升，越来越多的国家和地区相继推出了关于审计委员会履职信息披露的监管措施，由此引发了关于审计委员会透明度改革的成本收益之争。基于此，利用2013年上交所有关审计委员会履职信息披露规定的准自然实验，采用双重差分模型，围绕大股东掏空这一视角考察了审计委员会透明度提升的经济后果。研究发现：审计委员会透明度的提高显著降低了大股东掏空程度；进一步检验发现，审计委员会透明度的提高通过促进审计委员会履职有效性，减少了大股东掏空行为；同时，该效应在大股东掏空动机更强、掏空机会更多的公司中更为显著；此外，审计委员会透明度的提升通过减少大股东掏空，有助于企业价值提升。研究结论从大股东掏空视角证实了审计委员会透明度改革的收益，为各国正在讨论的审计委员会信息披露改革提供了借鉴。

第一节 引言

在两权分离的组织形式中，西方学者关于公司治理的研究主要基于公司分散性股权结构的基础上，讨论公司所有者与管理层之间的代理问题。与西方发达国家不同，许多新兴资本市场的上市公司股东结构较为集中，我国也不例外，甚至出于诸多制度因素的影响呈现"一股独大"的特点。绝对的控制权会增强控股股东"掏空"行为的动机与能力，通过资金直接占用、关联交易、违规担保、高溢价并购、过度分红等手段侵占中小股东的利益，严重影响公司经营甚至导致其亏损退市。证监会早在 2006 年就曾发布通知，要求清理大股东占用上市公司资金，但大股东资金占用的现象并未消失，从 2008 年的"九发股份"，到 2010 年的"ST 锦化"，再到 2019 年的"康美药业"等，我国资本市场上大股东占用的案例层出不穷。为改善这一现象，众多学者从法律监管、市场环境、审计师、股权制衡、独立董事、管理层激励等视角讨论了大股东掏空的抑制机制（罗党论和唐清泉，2007；周中胜和陈汉文，2006；叶康涛等，2007；郑国坚等，2013）。然而控股股东利益侵占这一问题并未得到很好的解决，如何完善公司的治理机制、缓解控股股东与中小股东的代理问题仍受到广泛的重视。

审计委员会制度自建立以来，就被明确了监督公司财务信息有效性的职责，随着该制度的发展，审计委员会的职责范围逐渐扩大到对公司经营状况、风险因素管理等方面的监督，进一步强化了公司财务报告信息的真实性和可靠性。大股东掏空行为在被曝光前，通常会采用盈余管理、信息操纵等手段对真实的财务数据进行粉饰，审计委员会作为公司内部独立的监督机构，其在对财务报告、经营状况监督的过程中，相比外部监督者更易发现控股股东的违规行为，从而对其进行抑制。然而，众多财务舞弊和审计失败案件的发生，引发了公众对审计委员会履职有效性的质疑，审计委员会似乎并没有很好地发挥其财务与经营的监督作用。为缓解公众对审计委员会的信任危机，各国监管机构逐步尝试推动审计委员会透明度改革，以增加外部投资者对审计委员会履职信息的了解，并进一步促进审计委员会的有效履职。

2013 年，《上海证券交易所上市公司董事会审计委员会运作指引》发布，要求上市公司在披露审计委员会组成等基本信息的基础上，进一步披露审计委员会的履职情况。这一指引的实施，是改善国内上市公司审计委员会透明度的重要实践，同时也为考察提高审计委员会透明度的经济后果提供了研究背景。为此，本章选取 2008~2017 年 A 股上市公司为研究对象，基于 2013 年上交所审计委员会信息强制披露要求的准自然实验，以大股东掏空为切入点，构建双重差分模型，考察审计委员会透明度提高所带来的正向经济后果。研究发现，审计委员会透明度的提高显著降低了企业大股东的利益掏空行为，且该效应在大股东掏空动机更强、掏空机会更多的公司中更为显著；进一步检验发现，审计委员会透明度的提高通过促进审计委员会履职有效性，减少了大股东掏空；此外，在提高审计委员会透明度、减少大股东掏空后，会促进企业价值的提升；最后，在进行大股东掏空变量替换、调整检验样本、控制个体效应等稳健性检验后，结论依然显著。

本章的研究贡献主要体现在三个方面：首先，从收益视角回应了当前有关审计委员会履职信息披露改革的争议，补充了审计委员会透明度方面研究的不足。从目前关于审计委员会的文献来看，现有研究多集中在审计委员会设立、特征的相关经济后果（He et al.，2017；Kim and Klein，2017），鲜有文献关注审计委员会履职信息披露的经济后果，因此对包括美国在内诸多国家和地区的审计委员会透明度改革的成本与收益之争，缺乏直接经验证据的支撑。本章基于我国上交所出台的强制披露要求，实证检验了审计委员会履职信息披露变化对于企业大股东掏空现象的影响，支持了审计委员会信息透明度提高带来的收益，拓展了审计委员会透明度相关领域的研究。其次，本章基于审计委员会信息披露制度建立的准自然实验检验，在一定程度上缓解了现有审计委员会研究中存在的内生性问题。由于董事会属于公司内部治理机制，本身在很大程度上取决于股东与公司的需要和能力，因此关于审计委员会与公司代理问题的研究，结论可能受董事会结构内生的影响（Hermalin and Weisbach，2000）。本章利用上交所发布强制信息披露要求这一制度，比较事件组和对照组的大股东掏空行为在审计委员会透明度变化前后的差异，在一定程度上避免公司治理环境对代理成本的内生性影响。最后，本章的研究拓展了大股东掏空行为抑制机制的相关文献。由于我国上市公司高集中度的股权结构，大股东凭借其绝对的控制地位，有较强的动机与能力实施掏空行为，损害公司经营与中小股东的利益。为此，已有学者从法律监管、市场环境、审计师、股权制衡、独立董事、管理层激励等视角讨论了对大股东掏空的抑制。我国新兴资本市场的投资者保护机制较为薄弱，审计委员会作为公司内部独立的财务监督力量，其在履职过程可能更易发现大股东的掏空行为并对其制止。本章的结论支持了提高审计委员会透明度对大股东掏空行为的抑制作用，为我国的审计委员会监管政策制定、投资者保护机制的完善提供了借鉴。

第二节　理论分析与研究假设

一、大股东掏空行为

自公司出现两权分离的组织形式，公司治理问题一直是人们关注和讨论的焦点。近年来，研究学者发现世界范围内许多国家和地区的企业呈现出较为集中的所有权结构，尤其在我国新兴资本市场中，公司股权结构常有"一股独大"的现象，大股东的私利行为逐渐进入人们的视野，对此 Johnstone 等（2011）提出"掏空"概念。大量研究结论表明，由于控股股东绝对的控制权地位，往往诱导出机会主义行为，控股股东正是基于这种控制权优势，通过资金占用、违规担保、关联交易、廉价股票等手段进行利益输送，侵占中小股东的利益（Jiang et al.，2010；吕长江和肖成民，2006；Peng et al.，2011；Fried and Spamann，2020）。这种掏空行为造成上市公司资金不足，影响公司的正常经营运转，甚至控股股东利用信息优势歪曲财务数据对这一状况予以粉饰，最终导致外部投资者的损失。

如何完善公司内外部治理机制以减少控股股东的掏空行为，成为人们讨论的热点问题。基于外部治理因素的视角，有研究结论表明法律监管机制较为完善、市场化水平较高的地区，公司内外部的信息不对称程度较低，有助于中小股东发现和抑制控股股东的掏空行为（罗党论和唐清泉，2007）；高质量的外部审计可以通过财务报表审计过程发现大股东隐瞒掏空行为的手段，对其发挥一定的约束作用（周中胜和陈汉文，2006）；媒体的跟踪及负面报道会迅速引起公众的关注或者监管机构的介入，这会给控股股东施加巨大的压力，使其侵害投资者利益的掏空行为有所收敛（李明和叶勇，2016）。基于内部治理因素的视角，亦有大量的文献对其进行研究和探讨，其中姜付秀和黄继承（2011）研究发现其他的股权制衡可以约束控股股东利益侵占的动机与机会，尤其在内部治理机制不完善的情况下，非控股股东可以通过"用脚投票"的方式产生退出威胁，有效地抑制控股股东的私利行为；董事会作为公司的核心治理机制，其独立董事或外部董事的成员组成，会在一定程度上监督大股东对中小股东的利益侵占行为（叶康涛等，2007），但不排除在某些情况下，董事会的权力被控股股东或管理层架空，导致其并未发挥监督治理职能（郑国坚等，2013）；管理层股权激励促使管理层与公司利益趋于一致，当大股东实施掏空行为时会损害管理层的利益来源，因此管理层股权激励方式在一定程度上促进管理层抵制大股东的掏空行为（郑国坚等，2013）。

从已有文献研究结论可以看出，学者们从外部制度环境、内部治理结构等不同视角对大股东掏空行为的抑制机制进行了讨论。但是由于我国资本市场的经济体制处于新兴发展阶段，现有的法律环境不完善，其对大股东掏空的监督难度较大、约束程度有限（李明和叶勇，2016），因此如何完善公司的内部治理机制从而抑制大股东掏空行为，仍获得广泛的重视。审计委员会作为董事会中独立的财务监督机构，对财务报告的生成与披露的有效性进行监督与控制，并促进公司财务风险因素的识别与管理，因此审计委员会在监督履职过程中应有助于其发现大股东的掏空行为并抑制这一现象。

二、审计委员会透明度与大股东掏空行为

然而审计委员会似乎并未发挥预期的监督作用，近年来全球范围频发的财务舞弊事件，使得公众对审计委员会的履职有效性产生深度质疑，投资者对审计委员会的履职过程几乎一无所知。不仅如此，审计委员会作为公司内部治理机制，成员选择与任职在很大程度上可能受大股东的影响，导致其履职实质性受到约束与限制。因此，为缓解外部投资者对审计委员会的信任危机，并进一步促进审计委员会的有效履职，美国、澳大利亚、欧盟等众多国家和地区开始尝试推动提高审计委员会透明度的信息披露改革。关于这场改革可能带来的成本与收益引起了广泛的争议，然而从目前有关审计委员会的文献来看，鲜有研究关注到审计委员会的履职信息披露带来的经济后果。2013 年，上交所发布了《上海证券交易所上市公司董事会审计委员会运作指引》，该指引在审计委员会组成等基本信息披露的基础上，对审计委员会年度履职情况、履职过程中发现的重大问题以及相关意见的信息披露问题做出进一步规定，这一指引的实施较大程度地提高了审计委员会透明度，为审计委员会透明度与大股东掏空的关系检验提供了恰当的自然实验研究环境。

首先，提高审计委员会透明度，会促进审计委员会履职信息披露管制职能的发挥，从而抑制大股东掏空行为。根据管理经济学原理，信息规制源于投资者缓解对信息不对称、纠正市场失灵问题的需求。监管机构通过制定外部监管政策以促进经济市场正常运行、保护投资者的利益。当公司内外部信息不对称程度较高时，控股股东因其控制权优势有更强烈的动机侵占公司资产、攫取中小股东的利益。提高审计委员会履职信息的透明度，尤其是与关联交易等重大事项相关的履职过程信息披露，可以缓解外部投资者、中小股东与控股股东的信息不对称，使得公司控股股东的经济行为更加规范。不仅如此，审计委员会透明度的提高，使得审计委员会的履职过程被利益相关者感知，投资者和监管机构会根据获取的审计委员会履职信息对审计委员会的监督有效性做出判断。因此，基于履职信息披露管制带来的投资者和监管机构的再监督下，会提高审计委员会履职过程中的客

观性，约束控股股东的机会主义倾向，使得大股东损害公司经营的资产侵占行为得到收敛，保护中小投资者的利益。

其次，控股股东的掏空行为可能带来企业经营和财务上的风险，提高审计委员会透明度后，会促进审计委员会勤勉、高效地履职，增强审计委员会对控股股东掏空行为的谨慎性。在审计委员会的职责规定中，要求审计委员会对财务报告发表意见，保证财务报告的真实、准确与完整。尤其对审计委员会履职过程中发现的重大事项与问题的披露，会增强审计委员会对财务报告重要领域的关注。控股股东往往凭借其控制权的地位，通过资金占用、盈余管理等手段侵占公司与中小股东的利益，更有甚者可能会严重影响上市公司的正常经营运转，导致上市公司陷入财务与经营困境（Jiang et al.，2010；Aharony et al.，2010）。此时控股股东有能力通过信息操纵隐瞒这一状况，甚至虚构经营利润向投资者提供虚假财务报告。当虚假财务信息被曝光时，审计委员会作为公司内部对财务信息质量进行控制与监督的机制，其履职的有效性和自身声誉会受到深度质疑，甚至面临诉讼风险。因此，提高审计委员会透明度后，这种社会舆论与监督的压力会增强审计委员会监督公司财务与经营状况的主动性，使其更加勤勉履职降低自身的责任风险。对于大股东掏空行为这一重要经营风险因素，审计委员会会持怀疑与谨慎的态度，保证向投资者传递的财务信息质量。

最后，监管机构对审计委员会履职过程透明度的披露要求，会赋予审计委员会相对管理层与控股股东的一定程度的独立性，使其能够更好地履行监督职责，减少控股股东侵占资产的私利行为。审计委员会作为董事会中的一支专门的财务监督力量，对公司经营与财务报告的产生和披露进行监督，加强公司财务报告信息的真实性和可靠性，但这一监督职责的实现须依赖审计委员会的独立地位。作为公司的内部治理机制，审计委员会的任职和履职范围在很大程度上受大股东能力和需要的影响。尤其在我国资本市场中，股权结构呈现高度集中且不乏"一股独大"的企业，由此出现董事会被控股股东主导、权利被架空的现象（郑国坚等，2013）。这也就导致了审计委员会这一财务监督机制形同虚设，其对于控股股东谋取私利的资产侵占行为并没有监督话语权，而履职过程透明度的提高，可能会缓解这一现象。Tang 等（2013）研究发现，在独立董事意见披露的监督下，当公司存在严重代理问题时，独立董事更有可能发表否定意见，表明向公众披露董事意见是一种提高其监督独立性的有效手段，保护外部投资者的利益。可见，监管机构对于透明度的完善要求，使得审计委员会需要披露更多的履职细节信息及意见，这可能会在一定程度上为审计委员会监督控股股东时的权力与地位提供外部监管的支撑，抑制大股东的掏空行为。

基于此，提出假设3：在其他条件不变的情况下，审计委员会透明度与大股东掏空负相关。

<h1 align="center">第三节　研究设计</h1>

一、样本选择和数据来源

本章利用上交所2013年发布的《上海证券交易所上市公司董事会审计委员会运作指引》，把要求上市公司强制披露审计委员会信息这一外生冲击作为准自然实验，为保持政策实施前后样本期间一致，选取2008~2017年我国A股上市公司为研究对象。由于主板上市公司与中小板、创业板公司存在系统性差异，可能影响沪市与深市两组公司企业价值的对比检验结果，因此在样本中对中小板与创业板公司予以剔除。此外，本章进一步剔除金融类企业和相关变量数据缺失的观测值。在此样本基础上，采用倾向得分匹配法（PSM）对沪市主板公司与深市主板公司按照1∶1近邻匹配，最终得到7535个企业年度观测值（见表6-1）。本章的审计委员会特征数据、财务数据、公司治理数据均来自CSMAR数据库。为了避免极端值的影响，对模型中的连续变量按照1%进行缩尾处理。

表6-1　样本筛选过程

描述	观测值
A股上市公司观测（2008~2017年）	35895
减：创业板和中小板观测	(16479)
减：金融类公司观测	(421)
减：主要变量缺失的观测	(6029)
PSM匹配前样本观测	12966
减：未匹配成功观测	(5400)
减：2012年度匹配样本在2013年及以后年度缺失的观测	(31)
最终样本观测	7535

资料来源：笔者整理。

二、模型设定

为检验审计委员会透明度对大股东掏空行为的影响，本章构建双重差分回归模型（1）。其中，系数 α_3 表示提高审计委员会透明度之后大股东掏空成本的反应，如果 α_3 显著为负，则接受假设 3，即随着审计委员会透明度提高，大股东掏空行为减少。

$$Tunneling = \alpha_0 + \alpha_1 Exchange_{it} + \alpha_2 Post_{it} + \alpha_3 Exchange_{it} \times Post_{it} + Control + \varepsilon_{it} \quad (6-1)$$

其中，Tunneling 为被解释变量，表示大股东掏空行为，Tunneling 值越大表明企业大股东利益掏空程度越高；Exchange 为股票交易所，如上文分析，上交所在 2013 年发布的指引，深交所并不适用，因此如果上市公司所属交易所为上交所，则 Exchange 变量赋值为 1，否则为 0（即上交所为 Treat 组、深交所为 Control 组）；Post 为政策时间变量，如果会计年度为 2013 年之后（包含 2013 年），则 Post 变量赋值为 1，否则为 0。

结合相关文献，在回归方程（6-1）中，我们还控制了公司规模（Size）、财务杠杆（Lev）、公司成长性（Grow）、总资产回报率（Roa）、两职合一（Dual）、独立董事规模（Ird）、第一大股东持股比例（Top1）、股权制衡（Balance）等控制变量（详细定义见表 6-2）。此外，本章还控制了年度和行业固定效应。

表 6-2 变量定义

变量	定义
Tunneling	大股东掏空，等于其他应收款的年度增量/总资产
Exchange	股票交易所，如果上市公司所属交易所为上交所，则 Exchange 赋值为 1，否则为 0
Post	政策时间变量，如果会计年度 t≥2013，则 Post 赋值为 1，否则为 0
Size	公司规模，等于期末总市值的自然对数
Lev	财务杠杆，等于期末总负债/期末总资产
Grow	公司成长性，等于当期营业收入增长率
Roa	总资产回报率，等于净利润/期末总资产
Dual	两职合一，如果董事长和总经理为同一人，则 Dual 赋值为 1，否则为 0
Ird	独立董事规模，等于独立董事人数/董事人数
Top1	第一大股东持股比例
Balance	股权制衡，等于第二至第十大股东比例之和/第一大股东持股比例

资料来源：笔者整理。

第四节 实证结果

一、描述性统计

在双重差分模型的基础上，为进一步降低样本个体差异带来的估计偏误，本书采用倾向得分匹配法（PSM），对沪市主板公司与深市主板公司进行样本匹配，从而加强审计委员会透明度与大股东掏空行为的因果效应检验。与 Dyreng 等（2016）的研究一致，采用 Logit 模型，基于政策实施前一年（2012 年）的上市公司样本，选取 DID 模型（模型 1）中所有公司层面的控制变量和行业哑变量作为匹配因素，以此确定实验组（Exchange = 1）和控制组（Exchange = 0）的样本公司，以此减少政策效应检验中样本层面的潜在干扰因素。表 6-3 中 Panel A、Panel B 显示了实验组和控制组样本在匹配前后的均值差异结果，可以看出，匹配前（Panel A）两组公司在各个特征变量方面均存在显著差异；然而匹配后（Panel B）两组公司的特征变量基本不存在显著差异，且两组公司亦不存在系统差异（Pscore 不显著）。

表 6-3 描述性统计

	Panel A PSM 匹配前样本均值差异		
Variables	Exchange = 0 （N = 4197）	Exchange = 1 （N = 8769）	Difference
Size	22. 423	22. 629	−0. 205***
Lev	0. 475	0. 483	−0. 008**
Grow	0. 258	0. 209	0. 048***
Roa	0. 027	0. 031	−0. 004***
Dual	0. 171	0. 143	0. 028***
Idr	0. 371	0. 369	0. 002*
Top1	0. 338	0. 373	−0. 035***
Balance	0. 703	0. 678	0. 025**

续表

Panel B　PSM 匹配样本均值差异

Variables	Exchange = 0 (N = 408)	Exchange = 1 (N = 408)	Difference
Size	22. 146	22. 075	0. 071
Lev	0. 466	0. 468	−0. 001
Grow	0. 198	0. 194	0. 004
Roa	0. 030	0. 032	−0. 002
Dual	0. 167	0. 174	−0. 007
Idr	0. 371	0. 370	0. 001
Top1	0. 351	0. 346	0. 005
Balance	0. 600	0. 601	−0. 000
_Pscore	0. 636	0. 628	0. 008

Panel C　回归样本描述性统计

Variables	N	Mean	Std. Dev.	25%	Median	75%
Tunneling	7535	0. 000	0. 025	−0. 003	0. 000	0. 004
Size	7535	22. 430	0. 991	21. 720	22. 360	23. 050
Lev	7535	0. 476	0. 210	0. 323	0. 468	0. 625
Grow	7535	0. 230	0. 838	−0. 062	0. 085	0. 251
Roa	7535	0. 027	0. 061	0. 008	0. 026	0. 053
Dual	7535	0. 157	0. 363	0. 000	0. 000	0. 000
Ird	7535	0. 370	0. 053	0. 333	0. 333	0. 400
Top1	7535	0. 343	0. 152	0. 224	0. 316	0. 451
Balance	7535	0. 678	0. 641	0. 193	0. 468	0. 962

注：***、**、*分别表示在 1%、5%、10%水平上显著。

资料来源：笔者整理。

Panel C 为最终回归样本描述性统计结果，其中大股东掏空变量（Tunneling）的标准差为 0. 025，25%分位数为−0. 003，75%分位数为 0. 004，表明不同公司间的大股东掏空程度存在较大差别，经匹配后的样本就大股东掏空特征而言有一定区分度；从整体来看，其他控制变量的均值和中位数大体上较为接近，不存在明显的偏态分布。

二、多元回归分析

表6-4为审计委员会透明度与大股东掏空行为关系的检验结果。其中，第（1）列结果显示，在控制行业年度、不加入任何公司层面控制变量的情况下，Exchange×Post 的系数显著为负（t=−4.76）；第（2）列结果显示，在进一步控制企业特征层面变量后，Exchange 的系数为正（t=1.97）、Exchange×Post 的系数仍显著为负（t=−4.31）。以上结果表明，在审计委员会信息披露监管政策实施前，相比于控制组，实验组上市公司的大股东掏空程度可能会略高一些（Exchange 的系数为正）；然而在履职信息披露政策实施后，相比于控制组，实验组上市公司的大股东掏空行为显著减少（Exchange×Post 的系数显著为负），在一定程度上验证了提高审计委员会透明度对大股东掏空行为的抑制作用，支持了假设3。

表6-4　审计委员会透明度与大股东掏空

Dep. Variable	(1) Tunneling	(2) Tunneling
Exchange	0.001**	0.001**
	(1.97)	(1.97)
Exchange×Post	−0.003***	−0.003***
	(−4.76)	(−4.31)
Post	0.007***	0.004***
	(11.24)	(5.89)
Size		0.001***
		(2.86)
Lev		−0.005**
		(−2.15)
Grow		0.002**
		(2.04)
Roa		0.036***
		(3.11)
Dual		0.001
		(0.86)

续表

Dep. Variable	(1) Tunneling	(2) Tunneling
Idr		−0.008
		(−1.47)
Top1		−0.002
		(−0.64)
Balance		−0.000
		(−0.48)
Constant	−0.004***	−0.025***
	(−7.94)	(−2.80)
Year & Industry	Yes	Yes
N	7535	7535
Adj. R²	0.005	0.019

注：括号内为 t 值，***、** 和 * 分别表示在 1%、5% 和 10% 的水平上显著。为控制异方差的影响，对回归系数标准误差进行公司层面和时间层面的 Cluster 处理。下同。

资料来源：笔者整理。

在控制变量方面，公司规模（Size）、公司成长性（Grow）、总资产回报率（Roa）分别与大股东掏空程度正相关，说明当公司有更多的资产、营业收入和利润时，大股东的掏空动机更为强烈，也有更多的利益使得大股东实施掏空行为。财务杠杆（Lev）与大股东掏空程度负相关，说明当公司有更多的负债时，一方面可能表明公司的财务状况一般，减少了大股东进行利益掏空的机会，增加了掏空风险；另一方面可能是负债融资在公司治理中发挥监督作用，抑制了大股东的掏空行为。

第五节　进一步检验

一、基于审计委员会特征检验

审计委员会自成立以来，其对公司财务与经营的监督、治理角色便被投资者寄予重望。但近年来发生的会计丑闻和欺诈案件，使得投资者对审计委员会发挥的监督效应产生了极大质疑。在审计委员会制度的发展进程中，已有大量文献对审计委员会特征的经济后果进行讨论，但这些研究检验设计大多基于公司整体治理环境，研究结论的得出可能受到审计委员会制度本身的内生性影响，从而并未直接检验出审计委员会特征的效用（Lisic et al.，2016；Chang et al.，2017）。如Kim 和 Klein（2017）则发现美国上市公司按照 SEC 的规定满足审计委员会的规模、独立性要求后，并未产生更高的市场价值或财务报告质量。即使公司满足有关审计委员会特征的监管要求，也并不意味着审计委员会特征能发挥相应的效果。因此，本章利用我国审计委员会的信息披露政策，尝试为审计委员会特征的"形式"与"实质"效应提供更为直接的经验证据。

为检验提高审计委员会透明度对其特征作用发挥的影响，我们利用上交所信息披露监管政策效应，进一步比较在《上海证券交易所上市公司董事会审计委员会运作指引》实施前后，审计委员会特征与大股东掏空行为的关系。参考以前的文献，从审计委员会独立性、专业性两个方面，检验审计委员会透明度对其特征履职的影响。其中，审计委员会独立性以审计委员会独立董事比例衡量，审计委员会专业性以审计委员会财务专家比例衡量。表6-5 和表6-6 中的结果显示，相比于监管政策实施之前，在实施透明度监管政策后（Post＝1），审计委员会独立性、专业性特征与大股东掏空之间的关系更为显著（Exchange×Independent、Exchange×Expertise 显著为负）。这在一定程度上说明审计委员会透明度的提高会促进审计委员会特征发挥其实质作用，进而抑制大股东的掏空行为。同时，该结论提供的经验证据也在一定程度上表明，仅仅在形式上强调审计委员会的特征并不足以确保审计委员会履职的有效性，提高审计委员会透明度则可能是将审计委员会的形式特征转化为实质的有效途径。

表6-5　审计委员会独立性与大股东掏空

Dep. Variable	(1) Post＝0 Tunneling	(2) Post＝1 Tunneling
Independent	−0.000 (−0.24)	0.001 (0.64)

续表

Dep. Variable	(1) Post = 0 Tunneling	(2) Post = 1 Tunneling
Exchange×Independent	0.000	−0.004***
	(0.02)	(−4.31)
Exchang	0.001	0.001
	(0.68)	(0.94)
Size	0.002***	0.001
	(3.11)	(1.12)
Lev	−0.004	−0.006**
	(−1.06)	(−2.04)
Grow	0.001**	0.002
	(2.48)	(1.36)
Roa	0.051***	0.021
	(4.04)	(1.35)
Dual	0.001	0.001
	(0.39)	(1.47)
Idr	−0.010*	−0.004
	(−1.78)	(−0.45)
Top1	−0.004	−0.001
	(−0.94)	(−0.15)
Balance	−0.002	0.001
	(−1.53)	(1.19)
Constant	−0.031***	−0.008
	(−2.90)	(−0.54)
Year & Industry	Yes	Yes
N	3787	3748
Adj. R^2	0.020	0.013

注：***、**、*分别表示在1%、5%、10%水平上显著。

资料来源：笔者整理。

表6-6 审计委员会专业性与大股东掏空

Dep. Variable	(1) Post=0 Tunneling1	(2) Post=1 Tunneling1
Expertise	0.002 (0.53)	0.005* (1.88)
Exchange×Expertise	−0.000 (−0.05)	−0.007* (−1.80)
Exchang	0.001 (0.23)	0.005* (1.86)
Size	−0.004*** (−3.63)	0.001 (0.89)
Lev	−0.032*** (−3.51)	−0.012** (−2.29)
Grow	0.001 (0.79)	0.001 (0.49)
Roa	−0.053 (−0.97)	−0.076*** (−4.81)
Dual	0.002 (0.49)	0.004** (2.37)
Idr	0.051* (1.94)	−0.010 (−0.77)
Top1	−0.051*** (−6.63)	−0.043*** (−5.20)
Balance	−0.008*** (−4.37)	−0.005*** (−3.14)
Constant	0.143*** (5.79)	0.032 (1.05)
Year & Industry	Yes	Yes
N	3787	3748
Adj. R²	0.113	0.064

注：***、**、*分别表示在1%、5%、10%水平上显著。
资料来源：笔者整理。

二、横截面检验

(一) 基于股东掏空行为动机的视角

基于管理权与所有权的代理问题，大股东的存在可能有利于其对管理层进行监督，维护公司的利益。但是随着大股东持股比例的增加，甚至出现"一股独大"的股权结构，此时大股东的绝对控制权地位可能刺激大股东侵占中小股东利益。尤其是随着现金流权的下降，大股东的控制权与现金流权偏离程度逐渐增大，这不仅降低了控股股东的侵占成本，而且大股东对公司进行掏空获得的私利可能高于其从企业获得的共享收益，这使得大股东有更强的动机实施利益掏空行为。审计委员会作为公司的监督组织，若其为保证财务信息披露的准确性、企业经营的正常发展，对财务报告、经营状况进行严格监督，则会在一定程度上发挥对大股东掏空的抑制作用。因此，相比于大股东掏空动机较低的公司，我们预期提高审计委员会透明度对大股东掏空行为的抑制作用，在大股东掏空动机较高的公司中更为显著。

以第一大股东持股比例是否超过当年所在行业的第一大股东持股比例中位数，划分公司第一大股东的控制权高低；以控制权与现金流权偏离度是否超过当年所在行业的控制权与现金流权偏离度中位数，划分公司两权分离程度的高低。表6-7中的结果显示，在第一大股东持股比例较高、控制权与现金流权偏离度较高的公司中，Exchange×Post 的系数显著为负，表明提高审计委员会透明度后，一个有效的审计委员会，能够在一定程度上削弱大股东掏空的动机，降低其利益侵占程度。

表6-7　基于大股东掏空动机视角

Dep. Variable	(1) 第一大股东持股比例低 Tunneling	(2) 第一大股东持股比例高 Tunneling	(3) 两权偏离度低 Tunneling	(4) 两权偏离度高 Tunneling
Exchange	0.001 (0.72)	0.002 (1.48)	0.001 (0.86)	0.002 (1.68)
Exchange×Post	−0.003* (−1.79)	−0.003*** (−2.60)	−0.002 (−1.59)	−0.004** (−2.92)
Post	0.005*** (2.65)	0.004*** (3.45)	0.004*** (3.04)	0.005*** (2.70)

续表

Dep. Variable	(1) 第一大股东持股比例低 Tunneling	(2) 第一大股东持股比例高 Tunneling	(3) 两权偏离度低 Tunneling	(4) 两权偏离度高 Tunneling
Size	0.001*	0.001**	0.001***	0.001*
	(1.73)	(2.41)	(2.89)	(1.65)
Lev	-0.008*	-0.000	-0.006	-0.004
	(-1.87)	(-0.03)	(-1.62)	(-1.19)
Grow	0.002**	0.001	0.002	0.002
	(2.08)	(1.24)	(1.47)	(1.47)
Roa	0.054***	0.003	0.032***	0.040
	(3.37)	(0.49)	(2.80)	(1.59)
Dual	-0.000	0.003	0.001	0.001
	(-0.19)	(1.64)	(0.68)	(0.70)
Idr	-0.009	-0.006	-0.008	-0.009
	(-0.99)	(-1.02)	(-1.33)	(-1.20)
Top1	0.003	-0.001	0.001	-0.006
	(0.61)	(-0.16)	(0.55)	(-1.19)
Balance	-0.000	-0.000	-0.000	-0.001
	(-0.33)	(-0.07)	(-0.12)	(-0.57)
Constant	-0.028*	-0.033***	-0.024**	-0.028
	(-1.69)	(-3.06)	(-2.48)	(-1.58)
Year & Industry	Yes	Yes	Yes	Yes
N	3861	3674	3923	3612
Adj. R^2	0.029	0.007	0.020	0.019

注：***、**、*分别表示在1%、5%、10%水平上显著。

资料来源：笔者整理。

（二）基于大股东掏空行为机会的视角

上市公司的内部治理水平是大股东进行掏空行为机会的重要影响因素。控股股东对公司利益的掠夺，实质上是通过集中的控制权对其他中小股东利益的侵占，这必将刺激中小股东对此进行抵制和监督。Bennedsen 和 Wolfenzon（2000）认为理想的股权结构是多个大股东同时存在，使其相互监督发挥股权制衡效应。

反之，如果其他非控股股东的持股比例较低，则其对大股东行为的监督能力较弱，给予了大股东实施掏空行为的机会。从公司整体制度安排看，如果公司的内部控制质量较弱，公司大股东的行为处于不透明的情境下，增加了大股东进行利益输送的机会。同样，审计委员会作为公司的监督组织，在对公司财务与经营的监督过程中，会对大股东的不合规行为发挥监督抑制作用，而且审计委员会对内部控制的评价与监督会促进企业内部控制的完善，从而加强对大股东决策行为的审查。

以股权制衡比例是否超过当年所在行业的股权制衡比例中位数，划分公司股权制衡度的高低；以内部控制质量是否超过当年所在行业的内部控制质量中位数，划分公司内部控制质量的高低。表 6-8 的结果显示，在股权制衡度较低、内部控制质量较低的公司中，Exchange×Post 的系数显著为负，表明提高审计委员会透明度后，审计委员会的有效监督能够在一定程度上弥补公司治理机制的不完善，发挥对大股东掏空行为的抑制作用。

表 6-8　基于大股东掏空机会视角

Dep. Variable	（1） 股权制衡度高 Tunneling	（2） 股权制衡度低 Tunneling	（3） 内部控制质量较高 Tunneling	（4） 内部控制质量较低 Tunneling
Exchange	0.001 (0.62)	0.002 (1.76)	0.000 (0.29)	0.003 (1.54)
Exchange×Post	−0.002 (−1.66)	−0.004*** (−2.89)	−0.002 (−1.39)	−0.005** (−2.24)
Post	0.005*** (3.41)	0.004*** (3.96)	0.003*** (3.63)	0.005*** (2.68)
Size	0.002** (2.10)	0.001 (1.80)	0.001*** (5.30)	0.001 (1.61)
Lev	−0.006 (−1.26)	−0.004 (−1.20)	−0.001 (−0.51)	−0.007*** (−2.86)
Grow	0.003** (2.33)	0.000 (0.13)	0.001 (0.78)	0.002* (1.85)
Roa	0.046*** (3.03)	0.025* (1.82)	−0.011 (−0.99)	0.055*** (3.24)

续表

Dep. Variable	（1） 股权制衡度高 Tunneling	（2） 股权制衡度低 Tunneling	（3） 内部控制质量较高 Tunneling	（4） 内部控制质量较低 Tunneling
Dual	0.000	0.002	−0.001	0.002
	(0.51)	(0.89)	(−0.79)	(1.56)
Idr	−0.004	−0.011	−0.010**	−0.007
	(−0.58)	(−1.62)	(−2.13)	(−0.65)
Top1	−0.005	0.001	−0.002	−0.002
	(−1.26)	(0.25)	(−0.80)	(−0.34)
Balance	−0.001	0.001	0.001	−0.001
	(−0.60)	(0.15)	(1.21)	(−1.00)
Constant	−0.032**	−0.015*	−0.026***	−0.030*
	(−2.08)	(−1.76)	(−4.37)	(−1.72)
Year & Industry	Yes	Yes	Yes	Yes
N	3674	3861	3677	3858
Adj. R^2	0.033	0.005	0.018	0.027

注：***、**、*分别表示在1%、5%、10%水平上显著。

资料来源：笔者整理。

三、经济后果的检验

大股东掏空行为是继管理层代理问题之后，尤其在新兴资本市场中更为严重的代理问题。大股东凭借其绝对的控制权优势，通过控制公司的管理层和经营活动，在集团内部交易中从上市公司中转移利润或直接侵占上市公司的资产，之后又出现资本运作稀释其他股东利益、转移上市公司的发展机会等更为隐蔽的利益侵占手段，严重损害企业的财务与经营，降低企业价值。审计委员会作为公司内部独立的监督机构，其在对财务报告、经营状况监督的过程中，基于其对企业经营状况和风险因素的了解，以及专业的财务分析知识，相比外部监督者理应更易发现控股股东的违规行为并对其进行抑制，从而促进企业的有效经营、提升企业价值。

因此，为了更好地理解提高审计委员会透明度的经济后果，本章进一步检验了履职信息披露政策的实施是否能最终提升企业价值，以及对大股东掏空行为的影响。基于此，在模型（1）的基础上构建了以下回归方程：

$$\text{Tobin Q} = \alpha_0 + \alpha_1 \text{Exchange}_{it} \times \text{Post}_{it} + \alpha_2 \text{Exchange}_{it} + \alpha_3 \text{Post}_{it} + \text{Control} + \varepsilon_{it} \quad (6-2)$$

$$\text{Tobin Q} = \alpha_0 + \alpha_1 \text{Exchange}_{it} \times \text{Post}_{it} + \alpha_2 \text{Tunneling}_{it} + \alpha_3 \text{Exchange}_{it} + \alpha_4 \text{Post}_{it} +$$
$$\text{Control} + \varepsilon_{it} \quad (6-3)$$

模型（2）考察的是 2013 年审计委员会履职信息披露监管政策的实施对企业价值（Tobin Q）的影响；模型（3）把大股东掏空作为中介变量，考察大股东掏空因素在审计委员会透明度与企业价值关系中的中介效应。

表 6-9 中第（1）列的结果显示，2013 年审计委员会信息披露监管政策的实施与企业价值正相关（Exchange×Post 的系数显著为正），表明审计委员会透明度的提高有助于企业价值的提升。第（2）列的结果显示，在加入中介变量 Tunneling 后，Tunneling 与 Tobin Q 显著负相关，说明大股东掏空行为损害了企业价值，而政策效应变量 Exchange×Post 与企业价值 Tobin Q 仍然呈正相关关系，但相关系数降低，结合表 6-4 中 Exchange×Post 与中介变量 Tunneling 的负相关关系（审计委员会透明度对大股东掏空的抑制），说明大股东掏空在审计委员会信息披露政策效应与企业价值的关系中存在部分中介效应，即提高审计委员会透明度后通过减少大股东掏空行为，会在一定程度上提升企业价值。

表 6-9　经济后果的检验：企业价值

Dep. Variable	(1) Tobin Q	(2) Tobin Q
Exchange×Post	0.162* (1.96)	0.142* (1.72)
Tunneling		-5.841*** (-6.92)
Exchange	-0.140 (-1.52)	-0.133** (-2.27)
Post	0.594*** (5.41)	-0.914*** (-9.10)
Size	-0.219*** (-2.87)	-0.211*** (-7.60)

续表

Dep. Variable	(1) Tobin Q	(2) Tobin Q
Lev	1.906***	1.878***
	(4.50)	(16.60)
Grow	0.132***	0.141***
	(2.80)	(5.55)
Roa	−1.748	−1.539***
	(−1.54)	(−3.82)
Dual	0.079	0.085
	(0.79)	(1.47)
Idr	1.308**	1.261***
	(2.00)	(3.19)
Top1	−1.159**	−1.170***
	(−2.27)	(−5.99)
Balance	0.026	0.024
	(0.28)	(0.54)
Constant	5.203***	5.038***
	(3.12)	(4.16)
Year & Industry	Yes	Yes
N	7535	7535
Adj. R^2	0.194	0.199

注：***、**、*分别表示在1%、5%、10%水平上显著。

资料来源：笔者整理。

第六节　稳健性检验

一、平行趋势检验

前文结论表明提高审计委员会透明度之后，上市公司的大股东掏空行为显著减少。但该结论可能受到上交所与深交所公司自身异质性的影响，如所处的制度环境与市场环境的不同，导致公司大股东掏空程度的差异，如果该假设成立，则在政策实施之前，实验组上交所公司的大股东掏空程度可能就低于控制组深交所。参考 Atanassov（2013）和 Cornaggia 等（2015）的做法，将模型（1）中 Post 变量拆分为 $Before^{-2}$、$Before^{-1}$、Current、$After^{+1}$、$After^{+2}$ 几个时间虚拟变量。其中，$Before^{-2}$ 为样本年份在 2011 年（政策实施前两年）取值 1，否则为 0；$Before^{-1}$ 为样本年份在 2012 年（政策实施前一年）取值 1，否则为 0；Current 为样本年份在 2013 年（政策实施当年）取值 1，否则为 0；$After^{+1}$ 为样本年份在 2014 年（政策实施后一年）取值 1，否则为 0；$After^{+2}$ 为样本年份在 2015 年（政策实施后两年）取值 1，否则为 0。

即检验模型为：

$$Tunneling = \alpha_0 + \alpha_1 Exchange_{it} + \alpha_2 Before_{it}^{-2} + \alpha_3 Before_{it}^{-1} + \alpha_4 Current_{it} + \alpha_5 After_{it}^{+1} +$$
$$\alpha_6 After_{it}^{+2} + \alpha_7 Exchange_{it} \times Before_{it}^{-2} + \alpha_8 Exchange_{it} \times Before_{it}^{-1} + \alpha_9 Exchange_{it} \times$$
$$Current_{it} + \alpha_{10} Exchange_{it} \times After_{it}^{+1} + \alpha_{11} Exchange_{it} \times After_{it}^{+2} + Control + \varepsilon_{it}$$

$$(6-4)$$

表 6-10 结果显示：在审计委员会履职信息披露政策实施前，实验组与控制组样本公司的大股东掏空程度没有显著差异，表明两组样本间不存在明显的异质性（$Exchange \times Before^{-2}$、$Exchange \times Before^{-1}$ 系数不显著）；政策实施当年及之后，实验组公司的大股东掏空显著降低，说明该政策实施减少了大股东掏空行为（$Exchange \times Current$、$Exchange \times After^{+1}$、$Exchange \times After^{+2}$ 显著为负），进一步证实了提高审计委员会透明度对大股东掏空行为的抑制作用。

表 6-10　平行趋势检验

Dep. Variable	Tunneling
Exchange	0.000
	(0.37)
$Exchange \times Before^{-2}$	0.001
	(1.07)
$Exchange \times Before^{-1}$	−0.001
	(−0.65)
$Exchange \times Current$	−0.003**
	(−2.48)

续表

Dep. Variable	Tunneling
Exchange×After^{+1}	-0.002^{**}
	(-1.96)
Exchange×After^{+2}	-0.003^{*}
	(-1.91)
Before^{-2}	0.003^{***}
	(3.66)
Before^{-1}	0.004^{***}
	(4.77)
Current	0.005^{***}
	(6.23)
After^{+1}	0.005^{***}
	(4.97)
After^{+2}	0.006^{***}
	(5.50)
Size	0.001^{***}
	(2.86)
Lev	-0.005^{**}
	(-2.17)
Grow	0.002^{**}
	(2.05)
Roa	0.036^{***}
	(3.10)
Dual	0.001
	(0.86)
Idr	-0.008
	(-1.45)
Top1	-0.002
	(-0.65)
Balance	-0.000
	(-0.47)
Constant	-0.025^{***}
	(-2.75)

续表

Dep. Variable	Tunneling
Year & Industry	Yes
N	7535
Adj. R²	0.018

注：***、**、*分别表示在1%、5%、10%水平上显著。

资料来源：笔者整理。

二、大股东掏空变量的其他衡量

本章的主检验中对大股东掏空的衡量基于报表中其他应收款的数额计算，考虑到大股东掏空变量的衡量方式对检验结果的影响，参考叶康涛等（2007）的研究，基于第一大股东占用上市公司的其他应收款进一步衡量大股东的掏空程度。表6-11中的检验结果显示，在更换大股东掏空程度的衡量方法后，Exchange×Post 的系数仍显著为负，表明提高审计委员会透明度后，上交所上市公司的大股东掏空程度显著减少，结论依然成立。

表6-11 其他大股东掏空的度量方法

Dep. Variable	(1) Tunneling	(2) Tunneling
Exchange	0.000**	0.000**
	(2.39)	(2.27)
Exchange×Post	−0.001**	−0.001**
	(−2.38)	(−2.44)
Post	−0.000***	−0.000*
	(−3.54)	(−1.81)
Size		−0.000
		(−0.07)
Lev		0.001
		(1.44)
Grow		0.000
		(0.57)

续表

Dep. Variable	(1) Tunneling	(2) Tunneling
Roa		-0.005^{***}
		(-4.10)
Dual		0.000
		(0.90)
Idr		-0.000
		(-0.24)
Top1		-0.001
		(-1.48)
Balance		-0.000
		(-1.24)
Constant	0.001^{**}	0.001
	(2.28)	(0.42)
Year & Industry	Yes	Yes
N	4562	4562
Adj. R^2	0.001	0.006

注：＊＊＊、＊＊、＊分别表示在1%、5%、10%水平上显著。

资料来源：笔者整理。

三、其他不同样本的检验

为进一步保证本章研究结论的可靠性，对检验样本采取平衡面板数据处理。原因在于，在整个样本期间，某些个体样本可能在某些年份因为破产或无法跟踪等导致该年份的变量缺失，或者在政策实施后申请上市，从而影响政策前后控制组与实验组样本公司的可比性。表6-12中第（1）列结果显示，在采用平衡面板数据对样本进行严格的限制后，Exchange×Post的系数仍显著为负，结论依然成立。

本章在主检验中使用2008～2017年的数据，为减少较长样本期间带来的噪声影响，我们进一步考虑只保留2011～2014年的年度观测，缩短研究期间后再次进行回归检验，结果如表6-12中第（2）列所示，审计委员会透明度的提高显著降低了大股东掏空行为。

表 6-12 其他不同样本的检验

Dep. Variable	（1） 平衡面板 Tunneling	（2） 缩短年限 Tunneling
Exchange	0.002 **	0.001
	(2.06)	(0.68)
Exchange×Post	−0.003 ***	−0.003 ***
	(−2.73)	(−2.67)
Post	0.005 ***	0.002 *
	(4.82)	(1.92)
Size	0.001 **	0.000
	(2.18)	(0.02)
Lev	−0.004	−0.005 *
	(−1.49)	(−1.65)
Grow	0.001	0.001
	(1.16)	(1.49)
Roa	0.037 **	0.037 **
	(2.18)	(2.17)
Dual	0.000	0.001
	(0.28)	(0.80)
Idr	−0.002	−0.006
	(−0.29)	(−0.53)
Top1	−0.001	−0.002
	(−0.31)	(−0.42)
Balance	−0.000	−0.000
	(−0.02)	(−0.18)
Constant	−0.022 ***	0.006
	(−2.66)	(0.37)
Year & Industry	Yes	Yes
N	4710	3112
Adj. R^2	0.018	0.000

注：***、**、*分别表示在1%、5%、10%水平上显著。

资料来源：笔者整理。

四、审计委员会特征变量的控制

《上海证券交易所上市公司董事会审计委员会运作指引》中除了审计委员会履职信息披露的规定，也包括对审计委员会人员情况的披露要求，该指引在人员组成方面做了明确细致的规定。因此为缓解审计委员会组成的可能变化对检验结果的影响，本章在主检验的基础上进一步控制了审计委员会规模（Scale）、独立性（Independent）、专业性（Expertise）等特征变量，表6-13中的检验结果显示主检验结论依然稳健。

表6-13 控制审计委员会特征

Dep. Variable	(1) Tunneling	(2) Tunneling
Exchange	0.001** (1.97)	0.001** (1.98)
Exchange×Post	−0.003*** (−4.76)	−0.003*** (−4.35)
Post	0.007*** (11.24)	0.004*** (5.49)
Size		0.001*** (2.78)
Lev		−0.005** (−2.16)
Grow		0.002** (2.03)
Roa		0.036*** (3.10)
Dual		0.001 (0.91)
Idr		−0.008 (−1.41)
Top1		−0.002 (−0.61)

续表

Dep. Variable	(1) Tunneling	(2) Tunneling
Balance		−0. 000
		(−0. 44)
Scale		0. 000
		(0. 40)
Independent		−0. 000
		(−0. 17)
Expertise		0. 001
		(0. 70)
Constant	−0. 004 ***	−0. 026 ***
	(−7. 94)	(−2. 92)
Year & Industry	Yes	Yes
N	7535	7535
Adj. R^2	0. 005	0. 018

注：*** 、** 、* 分别表示在1%、5%、10%水平上显著。

资料来源：笔者整理。

五、控制公司个体固定效应

本章在主检验中已使用倾向匹配得分法（PSM）对实验组和控制组进行公司特征差异的处理，使两组样本公司的可比性更高，但是依然可能存在其他不可观测的个体因素影响估计结果，因此为进一步排除样本公司非时序变化的特征差异的干扰，在样本匹配的基础上控制公司固定效应（代替行业固定效应）。表6-14的检验结果显示，在模型中控制公司个体层面的固定效应后，Exchange×Post 的系数仍显著为负，主检验结论依然成立。

表6-14　控制公司个体固定效应

Dep. Variable	(1) Tunneling	(2) Tunneling
Exchange×Post	−0. 004 ***	−0. 003 ***
	(−6. 38)	(−5. 41)

续表

Dep. Variable	(1) Tunneling	(2) Tunneling
Post	0.007***	0.004***
	(12.38)	(6.01)
Size		0.002***
		(3.03)
Lev		−0.009**
		(−2.49)
Grow		0.001*
		(1.77)
Roa		0.047***
		(3.41)
Dual		0.002
		(1.36)
Idr		−0.020**
		(−2.00)
Top1		−0.003
		(−0.55)
Balance		−0.001
		(−0.31)
Constant	−0.004***	−0.045***
	(−11.96)	(−2.64)
Firm	Yes	Yes
Industry	Yes	Yes
N	7535	7535
Adj. R²	0.007	0.022

注：***、**、*分别表示在1%、5%、10%水平上显著。

资料来源：笔者整理。

第七节　本章小结

审计委员会作为现代企业的一项重要公司治理机制，其被赋予的监督治理角色对公司的财务与经营具有重要意义。新兴市场中由于相对集中的股权结构，刺激了大股东凭借其控制权地位谋取私利的动机，通过关联交易、违规担保、稀释其他股东权益，甚至是直接占用资金等手段侵占中小股东的利益，并试图采用盈余管理、歪曲财务数据等方式对其进行粉饰，严重损害上市公司和投资者的利益。相比于外部监督机制，审计委员会在对财务信息、经营状况监督的过程中，应更易发现大股东掏空的动机与实施并对其进行约束，保证公司财务信息的可靠性、促进公司经营的正常发展。然而，众多财务舞弊和审计失败案件的发生，似乎表明审计委员会并没有发挥预期的监督效应，其履职有效性引起了公众的质疑，同时各利益相关者也对审计委员会的履职信息提出了更高的需求。为缓解公众对审计委员会的信任危机，进一步促进审计委员会的有效履职，美国、欧盟等在内的众多国家和地区的监管机构，开始尝试推动提高审计委员会透明度的改革。但从目前关于审计委员会的研究来看，鲜有文献关注审计委员会履职过程信息披露的影响，因此对于审计委员会透明度改革的成本与收益没有经验证据的支撑。

为此，本章基于 2013 年上交所审计委员会履职信息强制披露要求的准自然实验，选取 2008~2017 年 A 股上市公司为研究对象，以大股东掏空行为为切入点，构建双重差分模型，考察提高审计委员会透明度带来的正向经济后果。研究发现：审计委员会透明度的提高显著降低了大股东掏空程度，且该效应在大股东掏空动机更强、掏空机会更多的公司中更为显著；进一步检验发现，审计委员会透明度的提高通过促进审计委员会履职有效性，减少了大股东掏空行为；此外，在提高审计委员会透明度、减少大股东掏空后，会促进企业价值的提升；最后，在进行大股东掏空变量替换、调整检验样本、控制个体效应等稳健性检验后，结论依然显著。本书结论从大股东掏空行为的代理成本视角证实了提高审计委员会透明度的治理收益，为各个国家和地区正在讨论的审计委员会履职信息披露改革提供了支持性的经验证据。在此基础上，本章对审计委员会特征在信息披露政策前后产生的效果检验发现，目前对审计委员会特征的要求并不能保证审计委员会的有效履职，而提高审计委员会透明度恰恰对审计委员会履职形成了约束力量，促使其将"形式"特征转化为"实质"，实现审计委员会的监督治理效应。此外，本章的结论支持了提高审计委员会透明度对大股东掏空行为的抑制作用，也为我国的审计委员会监管政策制定、投资者保护机制的完善提供了一定的借鉴。

第七章　审计委员会透明度与企业价值

　　审计委员会作为公司内部重要的监督治理机制，自设立以来便被寄予重望，但近年来频发的财务舞弊案件，引发了投资者对审计委员会履职的信任危机。越来越多的国家和地区开始尝试审计委员会透明度改革，与之相关的成本与收益引起了广泛争议。为此，本章利用 2013 年上交所有关审计委员会履职信息披露规定的准自然实验，围绕企业价值的视角对此进行了检验。研究发现：审计委员会透明度的提高显著促进了企业价值的提升，且该效应在内部治理水平和外部市场化程度相对较低的公司中更加显著；进一步检验发现，审计委员会透明度的提高通过促进审计委员会履职有效性，提升了企业价值；最后，在进行企业价值变量替换、调整检验样本、控制个体效应等稳健性检验后，结论依然显著。本书从企业价值的视角支持了提高审计委员会透明度的收益，为各国正在讨论的审计委员会信息披露改革提供了借鉴意义。

第一节　引言

　　企业价值最大化是企业所有者追求的最终目标。诚然，企业价值目标的实现离不开高质量的信息传递、正确的战略决策及有效的执行，而这些依赖于能够有效监督管理当局运营活动、保证经营者行为与公司利益一致的治理机制。作为公司董事会（公司核心治理机制）中独立于股东和管理层的专业机构，审计委员会在保证公司财务信息质量、实现经营活动目标中扮演着关键角色。审计委员会自 20 世纪 30 年代问世以来便被监管机构、市场投资者及其他利益相关者寄予厚望（Krishnan et al. , 2011）。随着审计委员会制度的发展，审计委员会的职责不仅限于对公司的财务报告过程和内部控制进行独立评价与监督，更重要的是对公司财务与经营信息进行充分了解与分析的基础上，依据其专业知识水平和执业经验，对公司的发展战略和经营决策做出合理、恰当的建议，支持企业价值目标的实现。此外，一个有效的审计委员会向企业的投资者、债权人及其他利益相关者传递出这样一种信号：企业财务信息、内部控制、经营活动等的内部监督是有效的（谢获宝和李小明，2004）。这有助于企业获取外部投资者对公司治理和经营业绩的信心，在一定程度上能够提升企业的价值。

然而，近年来频繁发生的财务舞弊案件，引起了投资者对审计委员会有效性的深度质疑，审计委员会的存在似乎并没有发挥缓解公司与外部投资者信息不对称的问题，亦没有增强投资者对公司治理与经营绩效的信心。依据代理理论，审计委员会有效的监督和决策履职须依赖较高的独立性和执行能力（Chan and Li，2008；Yeh et al.，2011）。但现阶段部分审计委员会似乎是"形式独立"，审计委员会成员的履职程度甚至其任免都受到管理层权力的严重影响，甚至其与审计师的社会关系也严重损害了外部审计监督质量（Bruynseels and Cardinaels，2014；He et al.，2017）。不仅如此，目前对审计委员会相关信息的披露要求，使得投资者不知道审计委员会是否履职以及如何履职，这进一步加剧了投资者与审计委员会之间的信任危机。从现有对审计委员会的研究文献来看，多有文章围绕审计委员会的设立及成员特征产生的经济后果进行探讨（Dechow et al.，1996；Defond and Jiambalvo，1991；Kim and Klein，2017；Lennox and Park，2007），但鲜有文献关注到审计委员会履职过程信息披露的影响。因此，对于这场世界范围内的审计委员会透明度改革争论缺乏经验证据的支撑。

基于此，本章选取2008~2017年A股上市公司为研究对象，基于2013年上交所审计委员会信息强制披露要求的准自然实验，以企业价值为切入点，构建双重差分模型，考察审计委员会透明度提高所带来的正向经济后果。2013年，《上海证券交易所上市公司董事会审计委员会运作指引》发布，要求上市公司在披露审计委员会基本情况的基础上，进一步披露年度履职情况以及履职过程中发现的重大问题等相关信息。该指引的出台，显著促进了上交所上市公司的审计委员会的履职过程透明度，缓解了公司内部与外部投资者之间有关审计委员会履职有效性的信息不对称，同时也为我们提供了一个考察审计委员会履职信息披露经济后果的准自然实验环境。研究发现，审计委员会透明度的提高显著促进了企业价值的提升，且该效应在内部治理水平和外部市场化程度相对较低的公司中更加显著；进一步检验发现，审计委员会透明度的提高通过促进审计委员会履职有效性，提升了企业价值；最后，在进行企业价值变量替换、调整检验样本、控制个体效应等稳健性检验后，结论依然显著。

本章的研究贡献主要体现在三个方面：首先，从收益视角回应了当前有关审计委员会信息披露改革的争议，补充了审计委员会透明度方面研究的不足。从目前关于审计委员会的文献来看，现有研究多集中在审计委员会设立、特征的相关经济后果（He et al.，2017；Kim and Klein，2017），鲜有文献关注审计委员会履职过程披露的经济后果，因此对包括美国在内诸多国家和地区的审计委员会透明度改革的成本与收益之争，缺乏直接经验证据的支撑。本章基于我国上交所出台的强制披露要求，实证检验了审计委员会履职信息披露变化对于企业价值的影响，支持了审计委员会信息透明度提高带来的收益，拓展了审计委员会透明度相关领域的研究，同时对我国和其他国家和地区的审计委员会政策制定具有一定的参考价值。其次，本章基于审计委员会信息披露政策变更的外生事件，一定程度上缓解了现有审计委员会研究中存在的内生性问题。关于审计委员会与公司绩效关系的研究发现中，一种可能的解释是企业绩效与董事会结构之间的内生联系（Hermalin and Weisbach，2000）。本章利用上交所发布强制信息披露要求这一规则变更，基于双重差分模型，较好地分离事件组和对照组的企业价值在审计委员会透明度变化前后的差异，从而有效避免公司环境对企业绩效的内生性影响。最后，本章的研究拓展了企业价值影响因素的相关文献。在两权分离的组织结构中，代理冲突的程度与企业价值息息相关。为此，已有学者从管理层激励、实际控制人持股、董事会组成等角度，讨论如何完善治理机制以提高企业价值（姜付秀和黄继承，2011；邵帅和吕长江，2015；王华和黄之骏，2006）。基于审计委员会特有的独立性、专业性，其监督、治理、决策角色的发挥对企业绩效应有重要影响，但鲜有文献对此进行讨论。本章基于信息披露政策的变化，检验了审计委员会透明度对企业价值的提升作用，为企业价值相关的治理机制研究提供了新的证据。

第二节 理论分析与研究假设

企业价值目标的实现离不开完善的治理机制，在两权分离的组织形式下，代理冲突是公司的主要治理问题。由于经理人与所有者之间的信息不对称，经理人常常有动机和机会做出利于自身而与股东利益相悖的战略决策，并且随着经理人控制权的不断扩大，外部约束机制对其发挥的作用越来越弱，从而导致企业价值下降。不仅如此，我国上市公司的股权相对集中，因小股东的信息弱势，大股东凭借其控股地位有动机和能力转移公司资产、侵占中小股东的利益，从而导致企业价值下降。因此，公司治理机制的完善以及对企业价值的作用引起了众多学者的关注。李新春等（2008）表明对经理人实行股权激励，促使经理人行为与股东利益趋向一致，抑制经理人的自利行为，可以提高企业价值。邵帅和吕长江（2015）发现实际控制人持股可以减少关联交易的发生，促使实际控制人关注企业长期经营，发挥其"监督效应"，从而促进企业价值的提升。此外，董事会作为公司治理的核心机制，有学者对其整体组成对企业价值的影响进行了检验，但没有发现明确和显著的关系（王华和黄之骏，2006）。审计委员会因其在公司内部"独立性"的定位，被视为"最可靠的公共利益维护者之一"（Beasley et al.，2009）。不仅如此，审计委员会成员对公司财务、经营信息的了解，以及特有的专业优势和执业经验，使其能够在监督的过程中发挥重要的"决策"角色，从而促进企业价值的提升。

首先，提高审计委员会透明度，促使审计委员会在外部利益相关者的关注下，更好地履行其财务监督角色，提高企业信息质量、改善企业信息环境，进而带来企业价值的提升。信息披露与传递是市场主体行为的一种重要影响力量，在企业内外部信息不对称的情况下，投资者的决策行为不能依据全面、有效的信息，加大企业的融资风险，从而影响企业价值。作为企业内部的财务报告监督机制，审计委员会在企业信息及时、可靠地向外部利益相关者披露过程中发挥关键作用。提高审计委员会透明度，一方面使得外部投资者更为深入地了解审计委员会的履职过程、增强其对审计委员会及企业财务信息的信任，降低企业的股票价格波动（Reid et al.，2019）；另一方面，审计委员会履职信息的披露，增强了审计委员会履职的约束力量，促使审计委员会提高其财务信息监督职责的警惕性。审计委员会的有效监督，在一定程度上保障了企业信息披露的及时性、准确性与充分性，提高企业的信息质量与信息透明度。Lang 等（2012）和 Blankespoor 等（2014）揭示了提高企业信息透明度会降低交易成本并增加流动性。因此提高审计委员会透明度，将会促进审计委员会的监督履职，提高企业信息质量，使得投资者更能准确地了解企业经营状况，从而做出正确的投资决策、树立对企业的信心，有利于企业价值的提升。

其次，提高审计委员会透明度，赋予审计委员会更高的独立性和权力，使其更好地履行其治理角色，提高公司治理水平、缓解代理冲突，进而提升企业价值。公司治理水平是企业是否能够实现可持续经营战略目标的基础性影响因素，在两权分离、大股东控股的组织形式下，良好的公司治理一方面能够缓解管理者与所有者的代理问题，另一方面也能够保护中小股东的利益。在公司治理改革的发展过程中，审计委员会作为董事会中独立于管理层的专业委员会，其不仅被赋予了财务信息监督的职责，更重要的是对公司内部控制、经营管理的治理角色。但是，因公司管理层及控股股东对审计委员会的影响，审计委员会对管理层及股东的监督治理职责的实现必须依赖独立性和权力的支持。提高审计委员会透明度，审计委员会履职信息的披露公开，在一定程度上赋予审计委员会有效履职的法律保障，使其能够在对公司经营管理监督的过程中，更为独立、客观地评价管理层的经营决策，阻止其在职消费、"构建帝国"等自利行为，使其与企业利益一致；同样一个强势的审计委员会可以增加大股东侵占公司资产的阻力，遏制控股股东通过关联方交易等方式转移企业资金的机会，保护中小股东的利益及企业的可观测市场价值（Dahya et al.，2008）。

最后，提高审计委员会透明度，促使审计委员会成员因声誉资本的驱使，更好地发挥其决策专家的角色，从专业的角度对公司的战略和经营提出建议，从而促进企业价值目标的实现。具有行业专长的独立董事理论上能够从专业的角度对公司的战略和经营决策发表意见，在有效的人力资本市场中，"专家声誉"作为一种信号机制在人力资本中发挥效用，在一定程度上反映了社会对其履职效果的评价及信任度（毛建辉，2018）有助于独立董事自我价值收益的实现。审计委员会作为公司内部对财务、内部控制、内部审计等的监督机制，因其公司财务会计的专业背景，理论上能够对公司财务状况、经营管理进行更专业的分析和建议。提高审计委员会透明度，使审计委员会履职过程信息公开化，会增加审计委员会成员在人力资本市场中的声誉风险，为保护自身的人力资本价值，审计委员会不仅会强化其监督职责的履行，与之相关的"专家声誉"机制更能够激发其"决策专家"角色的发挥，促使其以非关联的方式带来资源支持和战略建议，从而达到改善公司经营效率、提高企业价值的目标。

由此，提出假设4：在其他条件一定的情况下，审计委员会透明度与企业价值正相关。

<h1 style="text-align:center">第三节　研究设计</h1>

一、样本选择和数据来源

本章利用 2013 年发布的《上海证券交易所上市公司董事会审计委员会运作指引》，把要求上市公司强制披露审计委员会信息这一外生冲击作为准自然实验，为保持政策实施前后样本期间一致，选取 2008～2017 年我国 A 股上市公司为研究对象。由于主板上市公司与中小板、创业板公司存在系统性差异，可能影响沪市与深市两组公司企业价值的对比检验结果，因此在样本中对中小板与创业板公司予以剔除。此外，本章进一步剔除金融类企业和相关变量数据缺失的观测值。在此样本基础上，采用倾向得分匹配法（PSM）对沪市主板公司与深市主板公司按照 1∶1 近邻匹配，最终得到 6980 个企业年度观测值（见表 7-1）。本章的审计委员会特征数据、财务数据、公司治理数据均来自 CSMAR 数据库。为了避免极端值的影响，对模型中的连续变量按照 1% 进行缩尾处理。

表 7-1　样本筛选过程

描述	观测值
A 股上市公司观测（2008～2017 年）	35881
减：创业板和中小板观测	（16479）
减：金融类公司观测	（421）
减：主要变量缺失的观测	（6739）
PSM 匹配前样本观测	12242
减：未匹配成功观测	（5212）
减：2012 年度匹配样本在 2013 年及以后年度缺失的观测	（50）
最终样本观测	6980

资料来源：笔者整理。

二、模型设定

为检验审计委员会透明度对企业价值的影响，本章构建双重差分回归模型

（1）。其中，系数 α_3 表示提高审计委员会透明度之后的政策效应，如果 α_3 显著为正，则接受假设1，即随着审计委员会透明度提高，企业价值上升。

$$Tobin\ Q = \alpha_0 + \alpha_1 Exchange_{it} + \alpha_2 Post_{it} + \alpha_3 Exchange_{it} \times Post_{it} + Control + \varepsilon_{it} \qquad (7-1)$$

其中，Tobin Q 为被解释变量，表示企业价值水平，Tobin Q 值越大表明企业价值越高；Exchange 为股票交易所，如上文分析，上交所在2013年发布的指引，而深交所并不适用，因此如果上市公司所属交易所为上交所，则 Exchange 变量赋值为1，否则为0（即上交所为 Treat 组、深交所为 Control 组）；Post 为政策时间变量，如果会计年度为2013年之后（包含2013年），则 Post 变量赋值为1，否则为0。

结合相关文献，在回归方程（7-1）中，我们还控制了公司规模（Size）、财务杠杆（Lev）、公司成长性（Grow）、总资产回报率（Roa）、公司是否亏损（Loss）、两职合一（Dual）、第一大股东持股比例（Top1）、管理层持股（Manstock）、董事会规模（Brd）、审计事务所规模（Big 4）、ST 状态（St）等控制变量（详细定义见表7-2）。此外，本章还控制了行业和年度固定效应。

表7-2　变量定义

变量	定义
Tobin Q	企业价值，以 Tobin Q 衡量，等于（公司股票市场价值+债务账面价值）/总资产，其中非流通股权市值用每股净资产面值代替计算
Exchange	股票交易所，如果上市公司所属交易所为上交所，则 Exchange 赋值为1，否则为0
Post	政策时间变量，如果会计年度 t≥2013，则 Post 赋值为1，否则为0
Size	公司规模，等于期末总市值的自然对数
Lev	财务杠杆，等于期末总负债/期末总资产
Grow	公司成长性，等于当期营业收入增长率
Roa	总资产回报率，等于净利润/期末总资产
Loss	是否亏损，如果公司净利润小于0，则 Loss 赋值为1，否则为0
Dual	两职合一，如果董事长和总经理为同一人，则 Dual 赋值为1，否则为0
Top1	第一大股东持股比例
Manstock	管理层持股，等于管理层持股数量的自然对数
Brd	董事会规模，以董事会人数表示
Big 4	事务所规模，如果公司由"四大"审计，则 Big 4 赋值为1，否则为0
St	特别处理，如果公司当年处于 ST 状态，则 St 赋值为1，否则为0

资料来源：笔者整理。

第四节 实证结果与分析

一、描述性统计

为减少样本个体差异带来的估计偏误，文中采用倾向得分匹配法（PSM），对沪市主板公司与深市主板公司进行样本匹配，从而加强审计委员会透明度与企业价值的因果效应检验。与 Dyreng 等（2016）的研究一致，采用 Logit 模型，基于政策实施前一年（2012 年）的上市公司样本，选取 DID 模型（模型 1）中所有公司层面的控制变量和行业哑变量为匹配因素进行匹配，以此确定实验组（Exchange=1）和控制组（Exchange=0）公司，减少政策效应检验中样本层面的潜在干扰因素。表 7-3 中 Panel A、Panel B 显示了实验组和控制组样本在匹配前后的比较结果，可以看出，匹配前（Panel A）两组公司在各个特征变量方面均存在显著差异；然而匹配后（Panel B）两组公司的特征变量基本不存在显著差异，且两组公司亦不存在系统差异（Pscore 不显著）。

表 7-3 描述性统计

Panel A PSM 匹配前样本均值差异			
Variables	Exchange=0 （N=4110）	Exchange=1 （N=8132）	Difference
Size	22.429	22.635	−0.206 ***
Lev	0.476	0.486	−0.010 **
Grow	0.259	0.209	0.050 ***
Roa	0.028	0.032	−0.004 ***
Loss	0.141	0.112	0.029 ***
Dual	0.171	0.144	0.026 ***
Top1	0.337	0.370	−0.033 ***
Manstock	8.067	8.450	−0.383 ***
Brd	8.972	9.078	−0.106 ***
Big 4	0.058	0.093	−0.035 ***
St	0.066	0.044	0.022 ***

续表

Panel B　PSM 匹配样本均值差异

Variables	Exchange = 0 （N = 396）	Exchange = 1 （N = 396）	Difference
Size	22. 152	22. 125	0. 027
Lev	0. 467	0. 474	−0. 008
Grow	0. 194	0. 215	−0. 022
Roa	0. 031	0. 032	−0. 001
Loss	0. 114	0. 106	0. 008
Dual	0. 167	0. 154	0. 013
Top1	0. 352	0. 353	−0. 001
Manstock	7. 604	7. 442	0. 162
Brd	9. 091	9. 086	0. 005
Big 4	0. 058	0. 043	0. 015
St	0. 068	0. 066	0. 003
_Pscore	0. 639	0. 631	0. 007

Panel C　回归样本描述性统计

Variables	N	Mean	Std. Dev.	25%	Median	75%
Tobin Q	6980	1. 868	2. 114	0. 694	1. 242	2. 155
Size	6980	22. 460	0. 999	21. 760	22. 380	23. 070
Lev	6980	0. 478	0. 211	0. 326	0. 469	0. 631
Grow	6980	0. 232	0. 839	−0. 059	0. 087	0. 250
Roa	6980	0. 029	0. 062	0. 008	0. 027	0. 054
Loss	6980	0. 126	0. 332	0. 000	0. 000	0. 000
Dual	6980	0. 151	0. 358	0. 000	0. 000	0. 000
Top1	6980	0. 345	0. 155	0. 222	0. 319	0. 453
Manstock	6980	8. 206	6. 039	0. 000	9. 746	12. 340
Brd	6980	9. 014	1. 842	8. 000	9. 000	9. 000
Big 4	6980	0. 056	0. 230	0. 000	0. 000	0. 000
St	6980	0. 054	0. 226	0. 000	0. 000	0. 000

注：＊＊＊、＊＊、＊分别表示在1%、5%、10%水平上显著。

资料来源：笔者整理。

Panel C 为最终回归样本描述性统计结果，其中企业价值（Tobin Q）的标准差为 2.114，25%分位数为 0.694，75%分位数为 2.155，表明不同公司间的企业价值水平存在较大差别，经匹配后的样本就企业价值特征而言有一定区分度；整体而言，其他控制变量的均值和中位数较为接近，不存在明显的偏态分布。

二、多元回归分析

表 7-4 为审计委员会透明度与企业价值关系的检验结果。其中，第（1）列结果显示，在控制行业年度、不加入任何公司层面控制变量的情况下，Exchange 的系数不显著（t=-0.49）、Exchange×Post 的系数显著为正（t=2.56）；第（2）列结果显示，在进一步控制企业特征层面变量后，Exchange 的系数不显著（t=-0.79）、Exchange×Post 的系数仍为正且在 1%水平上显著（t=2.59）。以上结果表明，在审计委员会信息披露监管政策实施前，两组公司对比，企业价值水平没有显著差异（Exchange 的系数不显著）；然而在政策实施后，相比于控制组，实验组上市公司的企业价值水平显著上升（Exchange×Post 的系数显著为正），证实了提高审计委员会透明度对企业价值水平的促进作用，支持了假设 4。

表 7-4　审计委员会透明度与企业价值

Dep. Variable	(1) Tobin Q	(2) Tobin Q
Exchange	-0.047	-0.065
	(-0.49)	(-0.79)
Exchange×Post	0.223**	0.242***
	(2.56)	(2.59)
Post	0.472***	0.414***
	(8.46)	(4.43)
Size		0.093
		(1.45)
Lev		2.054***
		(5.71)
Grow		0.075
		(1.34)
Roa		2.847**
		(2.44)

续表

Dep. Variable	(1) Tobin Q	(2) Tobin Q
Loss		1.068 ***
		(6.19)
Dual		0.159
		(1.44)
Top1		-1.781 ***
		(-4.45)
Manstock		-0.052 ***
		(-5.46)
Brd		-0.100 ***
		(-4.04)
Big 4		-0.488 ***
		(-3.97)
St		2.123 ***
		(6.46)
Constant	1.972 ***	0.091
	(3.91)	(0.06)
Year & Industry	Yes	Yes
N	6980	6980
Adj. R^2	0.133	0.278

注：括号内为 t 值，＊＊＊、＊＊和＊分别表示在 1%、5% 和 10% 的水平上显著。为控制异方差的影响，对回归系数标准误进行公司层面和时间层面的 Cluster 处理。下同。

资料来源：笔者整理。

在控制变量方面，与已有文献一致，公司负债、大股东持股比例、管理层股权激励等对企业价值存在显著影响。其中，财务杠杆（Lev）的系数显著为正，支持了负债的"自由现金流效应"，负债融资在公司治理中发挥监督作用，减少自由现金流、限制经理人的自利行为，可以促进企业价值的提高。第一大股东持股比例（Top1）的系数显著为负，表明随着大股东持股比例的提高，所有权集中度增加，使得大股东有更强的动机和能力侵占中小股东的利益，导致企业整体价值下降。对于经理人股权激励对企业价值的影响，目前存在两种观点：一种是堑壕效应，随着经理人股权激励比例的提高，会增加经理人对企业的控制力，使其能够有更多的能力与机会追求自利目标；另一种是利益趋同效应，这种观点认为经理人股权激励会促使经理人行为决策与公司目标趋向一致，从而提升企业价值。表7-4中管理层持股（Manstock）的系数显著为负，表明经理人股权激励可能并没有发挥利益趋同效应，反而增加了经理人自利行为的机会与能力，导致企业价值水平下降。

第五节　进一步检验

一、基于审计委员会特征检验

审计委员会自成立以来，因特有的"独立性"和"专业性"，其对公司财务与经营的监督、治理角色便被投资者寄予重望。但近年来发生的会计丑闻和欺诈案件，使得投资者对审计委员会履职的有效性产生了极大质疑。在审计委员会制度的发展进程中，已有大量文献对审计委员会特征的经济后果进行检验，但这些研究结论不能直接证实审计委员会的有效性，原因在于这些研究结论的得出建立在审计委员会特征能够发挥应有效果的基础上，因此这些结论的得出也可能解释为这些特征并没有发挥实质有效性，而是由于公司治理环境的内生性影响（Chang et al.，2017；Lisic et al.，2016）。Kim和Klein（2017）则发现美国上市公司按照SEC的规定满足审计委员会的规模、独立性要求后，并未产生更高的市场价值或财务报告质量。即使公司满足有关审计委员会特征的监管要求，也并不意味着审计委员会能发挥相应的履职效果。本章利用我国审计委员会的信息披露政策，为审计委员会特征的"形式"与"实质"提供更为直接的经验证据。

目前对审计委员会特征的监管要求主要集中在规模、独立性、专业性三个方面。参考以前的文献（Lisic et al.，2016；李云等，2017；王守海和李云，2012），本章从审计委员会规模、独立性、专业性三个方面，检验审计委员会透明度在审计委员会特征发挥"实质性"效果中的作用。其中，审计委员会规模以审计委员会成员数量衡量，以人数是否超过当年所在行业审计委员会人数中位数，划分规模大小；审计委员会独立性以审计委员会独立董事比例衡量，并以独董比例是否超过当年所在行业审计委员会独董比例中位数，划分独立性高低；审计委员会专业性以审计委员会财务专家比例衡量，并以财务专家比例是否超过当年所在行业审计委员会财务专家比例中位数，划分专业性高低。

表 7-5、表 7-6、表 7-7 中的结果显示，在上交所实施审计委员会信息披露政策前，两组样本公司的价值水平没有显著区别（Exchange 不显著）；然而在实施政策后，有较好审计委员会特征的公司（审计委员会规模较大、独立性较高、专业性较强），企业价值水平显著上升（Exchange×Post 的系数显著为正）。该结论表明，仅仅强调审计委员会特征的要求与披露，并不能保证审计委员会的有效履职，而提高审计委员会履职过程透明度后，会促进审计委员会的形式特征发挥实质有效性，实现审计委员会的监督、治理作用。

表 7-5　基于审计委员会规模特征视角

Dep. Variable	（1） 审计委员会规模大 Tobin Q	（2） 审计委员会规模小 Tobin Q
Exchange	−0.070	0.115
	(−0.83)	(0.55)
Exchange×Post	0.254**	−0.053
	(2.63)	(−0.06)
Post	0.406***	−0.063
	(4.30)	(−0.08)
Size	0.097	−0.326
	(1.50)	(−0.92)
Lev	2.095***	−0.156
	(5.85)	(−0.06)
Grow	0.077	0.026
	(1.33)	(0.08)
Roa	2.744*	8.797
	(2.22)	(0.97)
Loss	1.068***	0.723
	(5.78)	(1.09)
Dual	0.164	−0.465
	(1.47)	(−0.59)

续表

Dep. Variable	(1) 审计委员会规模大 Tobin Q	(2) 审计委员会规模小 Tobin Q
Top1	−1.776***	−0.876
	(−4.45)	(−0.75)
Manstock	−0.051***	−0.077*
	(−5.30)	(−2.03)
Brd	−0.098***	−0.244
	(−3.92)	(−1.63)
Big 4	−0.496***	−0.124
	(−3.99)	(−0.41)
St	2.157***	0.389
	(6.32)	(0.63)
Constant	−0.032	11.925
	(−0.02)	(1.24)
Year & Industry	Yes	Yes
N	6854	126
Adj. R^2	0.279	0.270

注：***、**、*分别表示在1%、5%、10%水平上显著。

资料来源：笔者整理。

表7-6　基于审计委员会独立性特征视角

Dep. Variable	(1) 审计委员会独立性较高 Tobin Q	(2) 审计委员会独立性较低 Tobin Q
Exchange	−0.076	0.100
	(−0.82)	(0.77)
Exchange×Post	0.262**	−0.076
	(2.36)	(−0.43)
Post	0.426***	−0.795***
	(4.06)	(−8.44)
Size	0.089	0.119
	(1.25)	(1.19)

续表

Dep. Variable	(1) 审计委员会独立性较高 Tobin Q	(2) 审计委员会独立性较低 Tobin Q
Lev	1.994***	2.076**
	(5.29)	(3.36)
Grow	0.105	−0.123*
	(1.52)	(−2.16)
Roa	2.550*	5.643*
	(1.91)	(1.98)
Loss	1.146***	0.841**
	(5.55)	(3.07)
Dual	0.142	0.149
	(1.15)	(0.82)
Top1	−1.838***	−1.270**
	(−4.07)	(−2.91)
Manstock	−0.051***	−0.051**
	(−4.97)	(−3.30)
Brd	−0.099***	−0.091
	(−3.31)	(−1.82)
Big 4	−0.601***	−0.270*
	(−4.07)	(−1.90)
St	2.285***	0.875***
	(6.10)	(3.82)
Constant	−0.120	2.851
	(−0.07)	(0.93)
Year & Industry	Yes	Yes
N	5559	1421
Adj. R^2	0.283	0.345

注：***、**、*分别表示在1%、5%、10%水平上显著。

资料来源：笔者整理。

表7-7　基于审计委员会专业性特征视角

Dep. Variable	(1) 审计委员会专业性较强 Tobin Q	(2) 审计委员会专业性较弱 Tobin Q
Exchange	-0.125	0.177
	(-1.30)	(1.41)
Exchange×Post	0.288**	0.080
	(2.34)	(0.57)
Post	0.494***	-0.941***
	(3.83)	(-8.47)
Size	0.070	0.147
	(0.87)	(1.67)
Lev	1.886***	2.498***
	(4.81)	(4.22)
Grow	0.074	0.067
	(1.25)	(0.64)
Roa	2.277	4.340
	(1.67)	(1.42)
Loss	1.001***	1.204***
	(5.20)	(4.76)
Dual	0.073	0.361**
	(0.61)	(2.52)
Top1	-1.732***	-1.862***
	(-3.82)	(-4.34)
Manstock	-0.055***	-0.042**
	(-5.15)	(-2.86)
Brd	-0.077**	-0.122***
	(-2.71)	(-3.59)
Big 4	-0.395**	-0.697**
	(-3.10)	(-3.19)
St	2.179***	1.736**
	(6.15)	(3.34)
Constant	0.399	0.435
	(0.21)	(0.19)
Year & Industry	Yes	Yes
N	4984	1996
Adj. R^2	0.282	0.292

注：***、**、*分别表示在1%、5%、10%水平上显著。

资料来源：笔者整理。

二、横截面检验

(一) 基于内部治理环境视角

完善的公司治理机制是实现企业价值目标的基础保障，而强化内部控制是提高公司治理水平的重要手段。有效的内部控制可通过一系列的制度安排提高企业的经营效率与效果，实现企业发展战略。反之薄弱的内部控制增加了管理层偷懒懈怠或出于自利动机做出损害企业利益行为的机会，以及控股股东占用企业资金、进行利益输送的机会，从而降低企业价值。审计委员会作为公司内部的监督治理机制，其客观、有效的履职，一方面通过对内部控制的建立与执行进行独立评价，促进公司内部控制制度的有效性；另一方面因其对公司财务信息与经营活动的监督，直接对管理层的舞弊行为产生约束抑制作用，改善公司的治理水平。因此，相比于内部控制质量较高的公司，我们预期提高审计委员会透明度对企业价值的促进作用，在内部控制质量较低的公司中更为显著。

本章采用 Chen 等 (2017) 构建的"中国上市公司内部控制指数"，并以公司内部控制质量指数是否超过当年所在行业内控指数中位数，划分内部控制质量高低，内控质量低意味着公司的治理环境较为薄弱。表 7-8 中的结果显示，在内部控制质量较低的公司中 Exchange×Post 的系数显著为正，表明提高审计委员会透明度，有助于改善公司内部治理环境，促进企业价值的提升。

表 7-8　基于内部治理环境视角

Dep. Variable	(1) 内部控制质量较高 Tobin Q	(2) 内部控制质量较低 Tobin Q
Exchange	−0.098	−0.084
	(−1.35)	(−0.67)
Exchange×Post	0.015	0.454 ***
	(0.17)	(2.77)
Post	0.145	0.637 ***
	(1.62)	(4.19)
Size	0.167 **	0.040
	(2.86)	(0.41)

续表

Dep. Variable	(1) 内部控制质量较高 Tobin Q	(2) 内部控制质量较低 Tobin Q
Lev	2.423 ***	1.723 ***
	(6.15)	(3.76)
Grow	0.002	0.071
	(0.03)	(0.95)
Roa	4.220 ***	2.071
	(4.02)	(1.29)
Loss	0.780 ***	1.104 ***
	(5.44)	(4.39)
Dual	0.096	0.138
	(0.86)	(0.89)
Top1	-1.090 ***	-2.119 ***
	(-3.43)	(-3.81)
Manstock	-0.035 ***	-0.069 ***
	(-4.25)	(-5.02)
Brd	-0.065 **	-0.131 ***
	(-2.84)	(-3.47)
Big 4	-0.404 ***	-0.689 **
	(-3.47)	(-2.94)
St	2.227 ***	1.890 ***
	(4.02)	(5.84)
Constant	-2.113	1.681
	(-1.73)	(0.69)
Year & Industry	Yes	Yes
N	3589	3391
Adj. R^2	0.341	0.270

注：***、**、*分别表示在1%、5%、10%水平上显著。

资料来源：笔者整理。

(二) 基于外部市场环境视角

总体上，企业价值的实现须依靠内部治理的完善和对外部市场环境的适应。

我国不同地区的市场发展程度存在较大差异，在市场化程度较高的地区，经济环境自由化程度更高，有利于市场整体资源配置的优化，从而降低企业匹配供应商、客户等资源的成本，有利于提升企业的利润率。不仅如此，在市场化程度较高的地区，制度环境更为完善，能够更好地监督、约束企业的经营活动，有利于企业的长期发展。反之，在市场化程度较低的地区，外部的经济环境不能为企业经营效率提供充分的支撑，亦没有健全的法律制度监督企业的不合规行为、保护投资者利益。审计委员会作为公司的监督治理机制，一方面通过独立监督公司财务、经营活动，约束管理层损害公司利益的行为；另一方面对公司的战略决策提供"专业性"的建议，促进企业更好地发展。因此，相比于处于市场化程度较高地区的公司，我们预期提高审计委员会透明度对企业价值的促进作用，在处于市场化程度较低地区的公司中更为显著。

以公司所处地区市场化程度指数是否超过当年所在行业市场化程度指数中位数，划分公司所处市场化程度的高低。表 7-9 中的结果显示，在市场化程度较低地区的公司中 Exchange×Post 的系数显著为正，表明提高审计委员会透明度后，一个"强势"的审计委员会，能够在一定程度上补偿外部市场环境的不完善对公司发展的约束，促进企业价值的提升。

表 7-9 基于外部市场环境视角

Dep. Variable	(1) 市场化程度较高 Tobin Q	(2) 市场化程度较低 Tobin Q
Exchange	0.045	−0.078
	(0.39)	(−0.70)
Exchange×Post	0.172	0.281**
	(1.15)	(2.30)
Post	0.325*	0.461***
	(2.21)	(3.73)
Size	0.127	0.073
	(1.37)	(0.91)
Lev	2.002***	2.109***
	(4.14)	(5.02)
Grow	0.058	0.094
	(0.95)	(1.28)

续表

Dep. Variable	(1) 市场化程度较高 Tobin Q	(2) 市场化程度较低 Tobin Q
Roa	2.493	2.961
	(1.42)	(1.81)
Loss	1.076***	1.052***
	(4.45)	(5.35)
Dual	−0.050	0.288*
	(−0.38)	(1.87)
Top1	−1.926***	−1.585***
	(−4.18)	(−3.71)
Manstock	−0.050***	−0.052***
	(−4.61)	(−4.16)
Brd	−0.093**	−0.104**
	(−3.07)	(−3.12)
Big 4	−0.513***	−0.583**
	(−3.28)	(−3.01)
St	2.820***	1.761***
	(4.55)	(5.75)
Constant	−0.756	0.637
	(−0.35)	(0.34)
Year & Industry	Yes	Yes
N	3078	3902
Adj. R^2	0.297	0.278

注：***、**、*分别表示在1%、5%、10%水平上显著。

资料来源：笔者整理。

第六节　稳健性检验

一、平行趋势检验

前文结论表明提高审计委员会透明度之后，上市公司的价值水平显著上升。

但该结论可能受到上交所与深交所公司自身异质性的影响，如所处的制度环境与市场环境的不同，导致两组公司在价值水平方面的差异，如果该假设成立，则在信息披露政策实施之前，上交所公司的价值水平可能本身就高于深交所公司；此外，如果前文结论中上交所企业价值水平的上升是由审计委员会信息披露政策引起，则随着政策的实施，该政策效应应具持续性。参考 Atanassov（2013）和 Cornaggia 等（2015）的做法，将模型（1）中 Post 变量拆分为 Before 2、Before 1、Current 和 After 几个时间虚拟变量。其中 Before 2 为公司年份在 2011 年（政策实施前两年）取值 1，否则为 0；Before 1 为公司年份在 2012 年（政策实施前一年）取值 1，否则为 0；Current 为公司年份在 2013 年（政策实施当年）取值 1，否则为 0；After 为公司所在年份大于或等于 2014 年（政策实施后）取值 1，否则为 0。

即检验模型为：

$$\begin{aligned} \text{Tobin Q} = &\alpha_0 + \alpha_1 \text{Exchange}_{it} + \alpha_2 \text{Before2}_{it} + \alpha_3 \text{Before1}_{it} + \alpha_5 \text{Current}_{it} + \alpha_5 \text{After}_{it} + \\ &\alpha_6 \text{Exchange}_{it} \times \text{Before2}_{it} + \alpha_7 \text{Exchange}_{it} \times \text{Before1}_{it} + \alpha_8 \text{Exchange}_{it} \times \text{Current}_{it} + \\ &\alpha_9 \text{Exchange}_{it} \times \text{After}_{it} + \text{Control} + \varepsilon_{it} \end{aligned} \qquad (7\text{-}2)$$

表 7-10 结果显示：在政策实施前，上交所与深交所样本的企业价值水平没有显著差异，表明两组样本间不存在明显的异质性（Exchange×Before 2、Exchange×Before 1 系数不显著）；政策实施当年及之后，上交所公司的价值水平显著高于深交所，说明审计委员会信息披露政策的实施显著提高了企业价值水平（Exchange×Current、Exchange×After 显著为负），进一步证实了提高审计委员会透明度对企业价值促进作用的有效性和持续性。

表 7-10　平行趋势检验

Dep. Variable	Tobin Q
Exchange	−0.059
	(−0.66)
Exchange×Before2	−0.010
	(−0.25)
Exchange×Before1	−0.017
	(−0.25)
Exchange×Current	0.213**
	(2.53)

续表

Dep. Variable	Tobin Q
Exchange×After	0. 243 **
	(2. 03)
Before2	0. 377 ***
	(8. 46)
Before1	0. 418 ***
	(7. 24)
Current	0. 395 ***
	(5. 91)
After	0. 413 ***
	(4. 26)
Size	0. 093
	(1. 45)
Lev	2. 054 ***
	(5. 71)
Grow	0. 075
	(1. 33)
Roa	2. 846 **
	(2. 44)
Loss	1. 067 ***
	(6. 18)
Dual	0. 158
	(1. 42)
Top1	− 1. 781 ***
	(−4. 44)
Brd	− 0. 052 ***
	(−5. 46)
Manstock	− 0. 100 ***
	(−4. 02)
Big 4	− 0. 488 ***
	(−3. 97)
St	2. 123 ***
	(6. 47)

续表

Dep. Variable	Tobin Q
Constant	0.086
	(0.05)
Year & Industry	Yes
N	6980
Adj. R^2	0.278

注：＊＊＊、＊＊、＊分别表示在1%、5%、10%水平上显著。

资料来源：笔者整理。

二、企业价值变量的其他度量

我国证券市场在设立之初，由于经济体制转轨的特殊背景，形成了股权分置的局面，在进行股权分置改革后，实现了非流通的可流通变现，但这部分股份不一定就要实际进入流通。因此，不同的文献中对于这部分股份的价值处理存在不同的方法，参考邵帅和吕长江（2015）等文献，以流通股股价衡量非流通股价值，即 Tobin Q2 =（流通股股数×每股股价+非流通股股数×每股股价+负债面值）/总资产面值；此外，以总资产扣除无形资产和商誉之后的余值作为基础资产值，即 Tobin Q3 =（流通股市值+非流通股股数×每股净资产面值+负债面值）/（总资产－无形资产净额－商誉净额）。表 7-11 中的结果显示，在更换企业价值变量的衡量方法后，Exchange×Post 的系数仍显著为正，表明提高审计委员会透明度后，上交所上市公司的价值显著提升，结论依然成立。

表 7-11 企业价值变量的度量方法

Dep. Variable	（1） Tobin Q2	（2） Tobin Q3
Exchange	−0.432	−0.371
	(−1.31)	(−1.18)
Exchange×Post	0.492**	0.437*
	(2.01)	(1.88)
Post	0.584**	0.526**
	(3.24)	(2.99)

续表

Dep. Variable	(1) Tobin Q2	(2) Tobin Q3
Size	0.005	−0.007
	(0.04)	(−0.06)
Lev	2.798**	1.538
	(2.45)	(1.34)
Grow	0.301	0.223
	(1.09)	(0.76)
Roa	2.739	3.399
	(1.31)	(1.42)
Loss	1.847**	1.812**
	(2.83)	(2.78)
Dual	−0.047	−0.060
	(−0.17)	(−0.23)
Top1	−2.599***	−2.336***
	(−3.51)	(−3.63)
Manstock	−0.067***	−0.060***
	(−5.10)	(−4.40)
Brd	−0.237**	−0.235**
	(−2.40)	(−2.37)
Big 4	−0.240	−0.248
	(−0.80)	(−0.86)
St	4.393**	4.056**
	(3.12)	(3.12)
Constant	2.713	3.775
	(0.88)	(1.25)
Year & Industry	Yes	Yes
N	6980	6980
Adj. R^2	0.081	0.069

注：***、**、*分别表示在1%、5%、10%水平上显著。

资料来源：笔者整理。

三、其他不同样本的检验

为进一步保证本章研究结论的可靠性，对样本采取平衡面板数据处理。原因在于，在整个样本期间，某些个体样本可能在某些年份因为破产或无法跟踪等导致该年份的变量缺失，或者在政策实施后申请上市，从而影响政策前后控制组与实验组样本公司的可比性。表7-12中第（1）列结果显示，在采用平衡面板数据对样本进行严格的限制后，Exchange×Post 的系数仍显著为正，结论依然成立。

表7-12　其他不同样本的检验

Dep. Variable	（1） 平衡面板 Tobin Q	（2） 缩短年限 Tobin Q
Exchange	−0.098	−0.084
	（−0.83）	（−1.24）
Exchange×Post	0.345***	0.207***
	（2.90）	（4.41）
Post	−0.038	0.365***
	（−0.36）	（7.16）
Size	0.237**	0.064
	（3.19）	（1.20）
Lev	2.601***	1.690***
	（4.41）	（5.92）
Grow	0.039	0.107
	（0.77）	（1.05）
Roa	3.070*	1.753
	（1.88）	（0.97）
Loss	0.962***	0.856***
	（6.17）	（3.41）
Dual	0.081	0.103
	（0.62）	（0.96）
Top1	−1.522***	−1.621***
	（−3.47）	（−3.78）

续表

Dep. Variable	(1) 平衡面板 Tobin Q	(2) 缩短年限 Tobin Q
Manstock	-0.056^{***} (-4.77)	-0.047^{***} (-4.01)
Brd	-0.100^{***} (-3.38)	-0.068^{***} (-3.41)
Big 4	-0.604^{***} (-3.79)	-0.375^{***} (-4.04)
St	1.571^{***} (3.74)	2.324^{***} (5.24)
Constant	-2.924 (-1.79)	0.742 (0.54)
Year & Industry	Yes	Yes
N	3850	2922
Adj. R^2	0.326	0.271

注：***、**、* 分别表示在1%、5%、10%水平上显著。

资料来源：笔者整理。

本章在主检验中使用2008~2017年的数据做样本，为减少较长样本期间带来的噪声影响，我们进一步考虑只保留2011~2014年的年度观测，缩短研究期间后再次进行回归检验，结果如表7-12中第（2）列所示，审计委员会透明度的提高显著促进了企业价值的提升。

四、控制公司个体固定效应

本章在主检验中已使用倾向匹配得分法（PSM）对实验组和控制组进行公司特征差异的处理，使两组样本公司的可比性更高，但是依然可能存在其他不可观测的个体因素影响估计结果，因此为进一步排除样本公司非时序变化的特征差异的干扰，在样本匹配的基础上控制公司固定效应（代替行业固定效应）。表7-13报告了该种模型设定下的回归估计结果，其中Exchange×Post的系数显著为正，主检验结论依然成立。

表7-13 控制公司个体固定效应

Dep. Variable	(1) Tobin Q	(2) Tobin Q
Exchange×Post	0.276**	0.285**
	(2.38)	(2.53)
Post	0.653***	-0.274**
	(9.21)	(-2.30)
Size		0.766***
		(4.36)
Lev		1.392***
		(2.70)
Grow		-0.148**
		(-2.49)
Roa		1.302
		(0.94)
Loss		0.469***
		(3.66)
Dual		0.050
		(0.46)
Top1		-1.729***
		(-2.81)
Manstock		-0.032***
		(-3.04)
Brd		-0.024
		(-0.59)
Big 4		-0.606**
		(-2.06)
St		0.668**
		(2.31)
Constant	1.090***	-15.051***
	(38.39)	(-4.06)

续表

Dep. Variable	(1) Tobin Q	(2) Tobin Q
Firm	Yes	Yes
Industry	Yes	Yes
N	6980	6980
Adj. R^2	0.120	0.190

注：***、**、*分别表示在1%、5%、10%水平上显著。

资料来源：笔者整理。

第七节 本章小结

审计委员会作为现代企业的一项重要公司治理机制，其被赋予的监督治理角色对公司的长期发展具有重要意义。相对于外部监督机制，审计委员会在对公司财务报告、内部控制进行独立评价的过程中，更易发现管理层的舞弊动机和自利行为并对其进行约束，能够有效地阻止管理层道德风险问题，缓解管理层与公司利益的代理冲突。不仅如此，审计委员会对公司财务信息的监督评价，使得审计委员会相对于董事会中其他组织了解更为准确、全面的公司财务、经营信息，凭借其专业知识和执业经验为董事会提供合理的战略经营决策建议，对提升企业价值具有积极作用。但近年来全球范围内频发的财务舞弊案件，引起公众对审计委员会履职有效性的深度质疑，激发了投资者对审计委员会履职信息的需求。为促进审计委员会有效履职、缓解投资者对审计委员会的信任危机，美国、欧盟等在内的众多国家和地区，开始寻求提高审计委员会透明度的改革。尽管已有大量文献围绕审计委员会设立与特征的经济后果进行探讨，但鲜有文献关注审计委员会履职过程信息披露的影响，因此对于审计委员会透明度改革的成本与收益之争没有经验证据的支撑。

为此，本章基于2013年上交所审计委员会信息强制披露要求的准自然实验，选取2008~2017年A股上市公司为研究对象，以企业价值为切入点，构建双重差分模型，考察提高审计委员会透明度带来的正向经济后果。研究发现：审计委员会透明度的提高显著促进了企业价值的提升，且该效应在内部治理水平和外部市场化程度相对较低的公司中更加显著；进一步检验发现，审计委员会透明度的提高通过促进审计委员会履职有效性，提升了企业价值；最后，在进行企业价值变量替换、调整检验样本、控制个体效应等稳健性检验后，结论依然显著。本书结论从企业价值的视角证实了提高审计委员会透明度的收益，为各国正在讨论的审计委员会信息披露改革提供了支持性的经验证据。此外，本章基于审计委员会特征对信息披露政策前后的审计委员会履职效果的检验发现，目前对审计委员会特征的要求并不能保证审计委员会的有效履职，而提高审计委员会透明度恰恰对审计委员会履职形成了约束力量，促使其将"形式"特征转化为"实质"，实现审计委员会的监督治理效应。

第八章　研究结论与相关建议

前文回顾了美国与国内审计委员会信息披露监管的发展，介绍了当前对审计委员会透明度改革的公告与讨论，并梳理了国内外有关审计委员会经济后果、影响因素以及近期对审计委员会信息披露的相关调查与研究。在此基础上从会计信息质量、高管在职消费、大股东掏空行为三大视角，对提高审计委员会透明度的经济后果进行实证检验，最后以企业价值为例验证透明度对审计委员会监督和治理效应产生的综合影响。本章将总结全书的结论，提出审计委员会信息披露方面的相关建议，并指出研究局限和未来研究方向。

第一节　主要研究结论

本书主要基于信息披露视角讨论审计委员会透明度的提高带来的经济后果。首先，对美国与国内审计委员会信息披露监管的发展进行梳理，了解目前审计委员会信息披露监管的现状，同时对当下监管机构关于审计委员会信息披露改革的问题和意见进行总结和概述（主要以美国为例）。其次，对国内外有关审计委员会经济后果和影响因素进行较为系统的梳理与总结，尤其对近期审计委员会信息披露相关的研究进行分析，结合监管制度的发展与需求对研究现状与不足进行剖析，从而引出本书的研究视角。最后，基于会计信息质量、高管在职消费、大股东掏空行为、企业价值视角，分析审计委员会透明度对审计委员会监督和治理效应的影响。主要研究结论如下：

第一，研究审计委员会透明度在提高会计信息质量中的作用。从审计委员会设立的初衷来看，其核心职能在于监控财务报告的编制过程，保证财务报告的生成与披露质量。因此，提高审计委员会透明度后最直接影响的就是会计信息质量。实证结果表明，审计委员会透明度的提高显著提升了企业会计信息质量，且该效应在错报风险和代理成本较高的公司中更加显著。这说明审计委员会透明度的提高，能够对审计委员会的监督效果产生积极作用，尤其是在公司治理机制不完善的情况下。进一步地，通过对审计委员会特征作用的检验发现，在提高审计委员会透明度后审计委员会特征与会计信息质量的关联度更强，在一定程度上说明透明度的提高促进了审计委员会成员特征能力实质作用的发挥，从而增强了对会计信息质量的监督效果。最后，在经过平行趋势检验和一系列稳健性检验后，研究结论依然稳健，支持了审计委员会透明度对财务信息监督职责效果的积极作用。

第二，研究审计委员会透明度在抑制高管在职消费中的作用。从审计委员会的属性来看，其本质是由股东选聘、代表股东利益，负责监督管理层的道德风险行为并确保外部审计师的独立性，缓解股东与经理人的信息不对称的治理机构。因此，提高审计委员会透明度产生的最为显著的治理效应就是对股东与管理层代理成本的影响。实证结果表明，审计委员会透明度的提高显著降低了高管在职消费水平，且该效应在内外部治理环境相对薄弱的公司中更加显著。这说明审计委员会透明度的提高，能够对审计委员会的治理效应产生积极作用，降低股东与管理层之间的代理成本，尤其是在治理机制不完善的情况下。进一步地，通过对审计委员会特征作用的检验发现，在提高审计委员会透明度后审计委员会特征与在职消费抑制的关联度更强，在一定程度上说明透明度的提高促进了审计委员会成员特征能力从形式转化为实质，支撑审计委员会的治理作用。最后，在经过平行趋势检验和一系列稳健性检验后，研究结论依然稳健，支持了透明度对审计委员会降低股东与管理层代理成本中的积极作用。

第三，研究审计委员会透明度在抑制大股东掏空行为中的作用。提高审计委员会履职信息的透明度，尤其是与关联交易等重大事项相关的履职过程信息披露，理应缓解外部投资者、中小股东与控股股东的信息不对称，约束控股股东的不规范行为。实证结果表明，审计委员会透明度的提高显著降低了大股东掏空程度，且该效应在大股东掏空动机更强、掏空机会更多的公司中更为显著。这说明审计委员会透明度的提高，能够对审计委员会的治理效应产生积极作用，降低大股东与中小股东之间的代理成本，尤其是在治理机制不完善的情况下。进一步地，通过对审计委员会特征作用的检验发现，在提高审计委员会透明度后审计委员会特征与大股东掏空抑制的关联度更强，在一定程度上说明透明度的提高促进了审计委员会成员特征能力从形式转化为实质，支撑审计委员会的治理作用。最后，在经过平行趋势检验和一系列稳健性检验后，研究结论依然稳健，支持了透明度对审计委员会保护中小投资者利益的积极作用。

第四，研究审计委员会透明度在提升企业价值中的作用。第四章至第六章的实证结果，均支持了审计委员会透明度对审计委员会监督和治理效用的积极作用，那么这种强制性信息披露的增强是否会产生积极的综合效应呢？为此，第七章以企业价值为研究目标，实证结果表明：审计委员会透明度的提高显著提升了企业价值，且该效应在内部治理水平和外部市场化程度相对较低的公司中更加显著。这说明审计委员会透明度的提高，能够在成本与收益的平衡中对审计委员会的履职产生积极的综合效应，尤其是在治理机制不完善的情况下。进一步地，通过对审计委员会特征作用的检验发现，在提高审计委员会透明度后审计委员会特征与企业价值的关联度更强，在一定程度上说明透明度的提高促进了审计委员会成员特征能力实质作用的发挥，从而增强了审计委员会的履职效果。最后，在经过平行趋势检验和一系列稳健性检验后，研究结论依然稳健，支持了透明度对审计委员会履职带来的整体上的正向影响。

第二节　相关建议

自2002年《上市公司治理准则》引入审计委员会制度以来，该制度在我国建立并运行已20年。提到审计委员会，大家似乎都耳熟能详。但对于审计委员会具体负责哪些工作、实际开展了哪些工作、如何开展工作、工作成效如何并不清楚。近年来，在政府的从严监管与治理下，大量的审计失败和审计纠纷案例开始涌现，公众对审计委员会的质疑达到了空前的高度。与此同时，在我国实施新审计准则以后，审计委员会的角色将更加重要，公众对审计委员会的期望与要求也将越来越高。因此，我国同样面临着提高审计委员会透明度的紧迫性。本书的实证检验结果在一定程度上支持了加强履职信息披露监管对审计委员会监督和治理效果的促进作用。因此，在国际、国内新趋势与新环境下，强化审计委员会信息披露或许应被提上日程，以下对我国未来的审计委员会信息披露改革提出以下四点相关建议：

第一，改变以独立董事为主体以及年度报告为载体的披露模式，实现对审计委员会的专门披露。从英美国家的治理实践来看，审计委员会相比于其他专业委员会得到了企业、投资者及监管机构更广泛的关注和更高度的重视。我国实施新审计准则后，公众对审计委员会的要求与期望越来越高。如中国证监会明确要求审计委员会审阅审计报告中"关键审计事项"所涉及的重大事项。但当前以独立董事为主体、独立董事报告和年度报告为载体的披露模式，并未体现对审计委员会董事及其职责的特别关注。因存在以下弊端，该披露模式无法提供关于审计委员会履职的充分有用信息：首先，独立董事除了参加董事会的会议还兼任各专业委员会的委员或召集人，因此汇总的决策事项和关注的重点事项很难一一对应各专业委员会的具体职责；其次，我国的审计委员会并非全由独立董事组成，以独立董事为主体的披露无法反映其他成员的工作与责任；最后，审计委员会相关的披露要求和信息分散在年度报告披露、独立董事述职报告等不同地方，缺乏对具体实践操作的指导性和相关信息的可获取性，同时也不利于利益相关者对审计委员会履职有效性的监督。因此，十分有必要改变当前模式，对审计委员会进行专门披露。

第二，与国际接轨，细化对重点问题的披露。当前关于审计委员会信息披露改革的焦点是让公众了解审计委员会为履职做了哪些工作、关注了哪些重大问题、如何思考与决策的、最终的结论如何。否则，审计委员会及其相关披露只是摆设。目前包括美国和我国在内的许多国家和地区对审计委员会的职责和所做的决策意见均有不同程度的披露，但都是高度概括性、"样板式"的，同章程、条文等规范性文件的表述基本无异，因此所能提供的信息非常有限。就此而言，2013 年上交所发布了《上海证券交易所上市公司董事会审计委员会运作指引》，要求上交所公司出具审计委员会报告，涵盖审计委员会的基本信息、年度履职情况、履职过程中发现的重大问题以及相关意见。虽然在一定程度上提供了更多的审计委员会信息，但是仍存在两点不足：其一，已要求披露发表意见的事项、履职过程中发现的重大问题，但并不清楚具体如何解决、结果如何。其二，对于审计委员会在履行监督外部审计职能方面所发现和处理的问题缺乏特别强调和详细规定。与英国的公司治理准则相比，我国在监管规范和企业披露实践上均与英国相去甚远。但这正是后发优势之所在，我们可在观察其实践情况和各方反应的基础上借鉴其规则，进而结合我国的具体情境加以调整和优化。

第三，明确重点，突出对外部审计监督的披露。当前英国以及我国关于审计委员会职能的界定在本质上均是以提高财务报告信息质量为导向的，而在所有的职能中最核心的仍是落脚于对外部审计的监督。因为外部审计是对企业财务报告结果的最终审核，而企业的会计处理与披露方式、内部审计、内部控制均是财务报告的过程。若对最终结果的监督不到位，对过程监督再好亦是枉然。因此，在美国近期对审计委员会的披露监管的改革意见征求中，尤其重视审计委员会对外部审计师监督的责任和活动的信息披露。如审计委员会在选聘、续聘、辞聘会计师事务所和外部审计师中对审计师资质和事务所内部质量评审的考虑，对审计收费、非审计收费以及非审计服务的批准，对外部审计过程的监督（如对审计师的整体审计策略、审计时间安排、重大风险识别、使用其他会计师事务所或其他外部专家工作的情况、对内部审计工作结果的采纳等工作的了解，以及审计过程发现重大问题的沟通与处理），评价外部审计效果等方面的信息。我国在后续改革中，应重视并明确这一重点。当然，这并不意味着对其他监督工作的披露不重要。

第四，提高披露的系统性，完善内容结构。现有关于审计委员会的披露零散地分布在年度报告和独立董事的述职报告中，因此无法做到关于审计委员会披露的系统性与全面性。2013年发布的《上海证券交易所上市公司董事会审计委员会运作指引》在这方面做了很大突破，要求上市公司须在披露年度报告的同时在上交所网站披露审计委员会年度履职情况，但遗憾的是对于审计委员会信息披露问题的规定较为宽泛且零散，一些重要信息仍未涉及。从系统性和全面性考虑，信息披露的逻辑顺序与内容可能有四点：首先，审计委员会的章程，通过章程可了解审计委员会的运作方式；其次，审计委员会的基本情况，包括职责与权限、人员构成，通过这些信息初步了解审计委员会的职责范围与成员质量是否符合审计委员会的独立性、专业性等要求；再次，审计委员会的年度履职情况，说明审计委员会在过去一财年的会议情况、相关决议及表决结果、现场考察、职责的完成情况；最后，重点关注事项和重大问题的情况，包括这些问题的内容、处理过程以及结果。当然，审计委员会章程的内容可能与年度披露存在重叠的部分，但两者并不冲突，一来章程可在官网披露，二来章程无须每年更新。另有一些细节问题也可考虑，如是否明确指出成员的财务专长或其他专业知识与经验。

第三节　局限性与未来的研究方向

本书尝试从履职信息披露视角对审计委员会透明度的经济后果进行研究，但是由于笔者研究水平、数据可获得性等方面的限制，本书尚存在一些局限和不足，而这也将成为笔者后续研究的动力和方向。

第一，仅在会计信息质量、高管在职消费、大股东掏空、企业价值这几个方面证实了提高审计委员会透明度的正向经济后果，仍缺乏更多来自其他方面的支持性证据。本书以操纵性应计利润视角衡量了会计信息质量，但基于以往的研究，衡量财务报告信息质量的方式还有财务报告重述、重述披露及时性、会计稳健性甚至财务报告定性文本分析质量等方式。审计委员会的职责范围还包括其他方面，如对审计师更换、审计意见购买行为、审计意见出具等事项的影响，这些关乎外部审计师的独立性以及最终的审计质量，审计委员会透明度的提高是否对这些事项产生影响，未来研究可以从这些方面进行突破。

第二，仅对审计委员会透明度改革提供了部分支持性证据，缺乏改革成本方面的证据。审计委员会信息披露监管收益的获得并不是没有成本的，它可能需要以间接或直接成本为代价。审计委员会履职信息披露的增加意味着审计委员会要加强对财务报告流程和外部审计师等方面的监督，这必然会给上市公司带来一定的负担和成本，成为审计委员会透明度改革产生的直接成本。如此次改革的反对者所言，审计委员会履职信息披露的增加，尤其是在审计师监督方面，可能容易受到投资者的质疑和潜在诉讼，从而导致诉讼风险和成本增加，不仅如此，这些质疑和潜在诉讼会导致审计委员会为躲避信息披露而尽可能减少与审计师之间的沟通，这些间接成本或许会对审计委员会履职效果产生负面影响。

第三，由于数据的限制，并未使用定量指标等方式直接衡量审计委员会透明度。本书对于审计委员会透明度经济后果的分析，是利用 2013 年上交所审计委员会信息强制披露要求的准自然实验进行的实证检验，这虽在一定程度上缓解了现有审计委员会研究中的内生性问题，但也存在没有直接衡量审计委员会透明度这一概念的不足。参考已有的内部控制质量的衡量方式①，未来可尝试从官方资料（如官网、财务报告、审计委员会报告等）中搜集关于审计委员会信息披露的资料，对履职信息披露程度进行量化打分，继而提供审计委员会透明度的相关研究的直接证据。

第四，重点探讨了提高审计委员会透明度的最终结果，对中间过程关注不足。具体地，审计委员会的职责包括多个方面，如对财务报告质量的控制、内部控制有效性的评价、内部审计工作的审查、外部审计质量的监督等，因此不同方面履职信息的披露可能产生不同的影响。本书仅检验了审计委员会信息披露要求政策的发布整体带来的后果，缺乏对具体职责信息影响的细致讨论。如在上述审计委员会透明度变量构建的过程中，可以选择对相关信息按履职范围进行细分，提供透明度对履职效果影响的更为直接的经验证据。

---

① Chen 等（2017）构建的"中国上市公司内部控制指数"，该内部控制指数以《企业内部控制基本规范》及其配套指引为主要依据，并综合考虑《上海证券交易所上市公司内部控制指引》《深圳证券交易所上市公司内部控制指引》等国内法律法规及相关文献，同时借鉴国外已有内部控制评价研究，确定了内部环境、风险评估、控制活动、信息与沟通和内部监督5个一级指标，并进一步细化为24个二级指标、43个三级指标和144个四级指标，指标数据主要通过手工收集公开资料获得，包括定期公告和临时公告以及公司相关制度等，再通过层次分析法以及变异系数法对指标赋权，最终加权得到内部控制指数。

参考文献

［1］Abbott L J, Parker S, Peters G F. Audit Committee Characteristics and Restatements［J］. Auditing：A Journal of Practice & Theory, 2004（1）：69-87.

［2］Abbott L J, Parker S, Peters G F, et al. The Association between Audit Committee Characteristics and Audit Fees［J］. Auditing：A Journal of Practice & Theory, 2003（2）：17-32.

［3］Abbott L J, Parker S, Peters G F, et al. An Empirical Investigation of Audit Fees, Nonaudit Fees, and Audit Committees［J］. Contemporary Accounting Research, 2003（2）：215-234.

［4］Agoglia C P, Doupnik T S, Tsakumis G T. Principles-Based Versus Rules-Based Accounting Standards：The Influence of Standard Precision and Audit Committee Strength on Financial Reporting Decisions［J］. The Accounting Review, 2011（3）：747-767.

［5］Aharony J, Wang J W, Yuan H Q. Tunneling as An Incentive for Earnings Management during the IPO Process in China［J］. Journal of Accounting and Public Policy, 2010（1）：1-26.

［6］Aldamen H, Duncan R, Kelly S, et al. Audit Committee Characteristics and Firm Performance During the Global Financial Crisis［J］. Accounting & Finance, 2012（4）：971-1000.

［7］Anderson R C, Mansi S A, Reeb D M. Board Characteristics, Accounting Report Integrity, and the Cost of Debt［J］. Journal of Accounting and Economics, 2004（3）：315-342.

［8］Ashraf M, Michas P N, Russomanno D. The Impact of Audit Committee Information Technology Expertise on the Reliability and Timeliness of Financial Reporting [J] . The Accounting Review, 2019 (5): 1-59.

[9] Atanassov J. Do Hostile Takeovers Stifle Innovation? Evidence from Antitake-over Legislation and Corporate Patenting [J] . The Journal of Finance, 2013 (3): 1097-1131.

[10] Badolato P G, Donelson D C, Ege M. Audit Committee Financial Expertise and Earnings Management: The Role of Status [J] . Journal of Accounting and Economics, 2014 (2-3): 208-230.

[11] Bedard J, Chtourou S M, Courteau L. The Effect of Audit Committee Expertise, Independence, and Activity on Aggressive Earnings Management [J]. Auditing: A Journal of Practice & Theory, 2004 (2): 13-35.

[12] Beasley M S, Carcello J V, Hermanson D R, et al. The Audit Committee Oversight Process [J] . Contemporary Accounting Research, 2009 (1): 65-122.

[13] Beck M J, Mauldin E G. Who's Really in Charge? Audit Committee Versus CFO Power and Audit Fees [J] . The Accounting Review, 2014 (6): 2057-2085.

[14] Bennedsen M, Wolfenzon D. The Balance of Power in Closely Held Corporations [J] . Journal of Financial Economics, 2000 (1-2): 113-139.

[15] Blankespoor E, Miller G S, White H D. The Role of Dissemination in Market Liquidity: Evidence from Firms' Use of Twitter [J] . The Accounting Review, 2014 (1): 79-112.

[16] Blankley A I, Hurtt D N, MacGregor J E. Abnormal Audit Fees and Restatements [J] . Auditing: A Journal of Practice & Theory, 2012 (1): 79-96.

[17] Bratten B, Causholli M, Sulcaj V. Overseeing the External Audit Function: Evidence from Recent Audit Committee Voluntary Disclosures [M] . Social Science Electronic Publishing, 2018.

[18] Brochet F, Srinivasan S. Accountability of Independent Directors: Evidence from Firms Subject to Securities Litigation [J] . Journal of Financial Economics, 2014 (2): 430-449.

[19] Bruynseels L, Cardinaels E. The Audit Committee: Management Watchdog or Personal Friend of the CEO? [J] . The Accounting Review, 2014 (1): 113-145.

［20］ Buallay A, Al-Ajmi J. The Role of Audit Committee Attributes in Corporate Sustainability Reporting ［J］. Journal of Applied Accounting Research, 2020 （2）: 249-264.

［21］ Burgstahler D, Dichev I. Earnings Management to Avoid Earnings Decreases and Losses ［J］. Journal of Accounting and Economics, 1997 （1）: 99-126.

［22］ Bushee B J. The Influence of Institutional Investors on Myopic R & D Investment Behavior ［J］. Accounting Review, 1998 （3）: 305-333.

［23］ Cai H B, Fang H M, Xu L C. Eat, Drink, Firms, Government: An Investigation of Corruption from the Entertainment and Travel Costs of Chinese Firms ［J］. The Journal of Law and Economics, 2011 （1）: 55-78.

［24］ CAQ & AA. Center for Audit Quality and Audit Analytics ［EB/OL］. Audit Committee Transparency Barometer. Available at: https: //www. thecaq. org/2016-audit-committee-transparency-barometer/, 2016.

［25］ Carcello J V, Neal L T. Audit Committee Characteristics and Auditor Dismissals Following "New" Going-Concern Reports ［J］. The Accounting Review, 2003 （1）: 95-117.

［26］ Carcello J V, Neal T L, Palmrose Z V, et al. CEO Involvement in Selecting Board Members, Audit Committee Effectiveness, and Restatements ［J］. Contemporary Accounting Research, 2011 （2）: 396-430.

［27］ Chan K C, Li J. Audit Committee and Firm Value: Evidence on Outside Top Executives as Expert-Independent Directors ［J］. Corporate Governance: An International Review, 2008 （1）: 16-31.

［28］ Chang H H, Chen X, Cheng C S, et al. Certification of Audit Committee Effectiveness: Evidence from a One-Time Regulatory Event in China ［J］. Journal of International Accounting Research, 2021 （2）: 1-23.

［29］ Chen H W, Dong W, Han H L, et al. A Comprehensive and Quantitative Internal Control Index: Construction, Validation, and Impact ［J］. Review of Quantitative Finance and Accounting, 2017 （2）: 337-377.

［30］ Chen K Y, Zhou J. Audit Committee, Board Characteristics, and Auditor Switch Decisions by Andersen's Clients ［J］. Contemporary Accounting Research, 2007 （4）: 1085-1117.

[31] Christensen B E, Omer T C, Shelley M K, Wong P A. Affiliated Former Partners on the Audit Committee: Influence on the Auditor - Client Relationship and Audit Quality [J] . Auditing: A Journal of Practice & Theory, 2019 (3): 95-119.

[32] Chung R, Firth M, Kim J B. Institutional Monitoring and Opportunistic Earnings Management [J] . Journal of Corporate Finance, 2002 (1): 29-48.

[33] Cohen J, Krishnamoorthy G, Wright A. Enterprise Risk Management and the Financial Reporting Process: The Experiences of Audit Committee Members, CFOs, and External Auditors [J] . Contemporary Accounting Research, 2017 (2): 1178-1209.

[34] Cohen J R, Hoitash U, Krishnamoorthy G, et al. The Effect of Audit Committee Industry Expertise on Monitoring the Financial Reporting Process [J] . Social Science Electronic Publishing, 2013 (1): 243-273.

[35] Cornaggia J, Mao Y, Tian X, et al. Does Banking Competition Affect Innovation? [J] . Journal of Financial Economics, 2015 (1): 189-209.

[36] Dahya J, Dimitrov O, McConnell J J. Dominant Shareholders, Corporate Boards, and Corporate Value: A Cross - Country Analysis [J] . Journal of Financial Economics, 2008 (1): 73-100.

[37] Davis Polk. Comments on Concept Release: Possible Revisions to Audit Committee Disclosures [R] . 2015 (8) .

[38] Dechow P M, Sloan R G, Sweeney A P. Detecting Earnings Management [J] . The Accounting Review, 1995 (2): 193-225.

[39] Dechow P M, Sloan R G, Sweeney A P. Causes and Consequences of Earnings Manipulation: An Analysis of Firms Subject to Enforcement Actions by the SEC [J] . Contemporary Accounting Research, 1996 (1): 1-36.

[40] DeFond M L, Hann R N, Hu X S. Does the Market Value Financial Expertise on Audit Committees of Boards of Directors? [J] . Journal of Accounting Research, 2005 (2): 153-193.

[41] DeFond M L, Jiambalvo J. Incidence and Circumstances of Accounting Errors [J] . Accounting Review, 1991 (3): 643-655.

[42] Deloitte & Touche. Comments on Concept Release: Possible Revisions to Audit Committee Disclosures [Z] . 2015.

［43］ DeZoot F T, Hermanson D R, Houston R W. Audit Committee Member Support for Proposed Audit Adjustments: Pre－SOX Versus Post－SOX Judgments ［J］. Auditing: A Journal of Practice & Theory, 2008 (1): 85－104.

［44］ DeZoot F T, Houston R W, Hermanson D R. Audit Committee Member Support for Proposed Audit Adjustments: A Source Credibility Perspective ［J］. Auditing: A Journal of Practice & Theory, 2003 (2): 189－205.

［45］ DeZoort F T, Salterio S E. The Effects of Corporate Governance Experience and Financial Reporting and Audit Knowledge on Audit Committee Members' Judgments ［J］. Auditing: A Journal of Practice & Theory, 2001 (2): 31－47.

［46］ Dhaliwal D A N, Naiker V I C, Navissi F. The Association between Accruals Quality and the Characteristics of Accounting Experts and Mix of Expertise on Audit Committees ［J］. Contemporary Accounting Research, 2010 (3): 787－827.

［47］ Dharwadkar R, Harris D, Shi L, et al. The Initiation of Audit Committee Interlocks and the Contagion of Accounting Policy Choices: Evidence From Special Items ［J］. Review of Accounting Studies, 2020 (1): 120－158.

［48］ Draeger M A, Lawson B P, Schmidt J J. Does Audit Committee Reporting Need to be Improved? Evidence from a Large－Scale Textual Analysis ［R］. Working Paper, 2018.

［49］ Dyreng S D, Hoopes J L, Wilde J H. Public Pressure and Corporate Tax Behavior ［J］. Journal of Accounting Research, 2016 (1): 147－186.

［50］ Engel E, Hayes R M, Wang X. Audit Committee Compensation and the Demand for Monitoring of the Financial Reporting Process ［J］. Journal of Accounting and Economics, 2010 (1－2): 136－154.

［51］ Ernst & Young. Enhancing Transparency of the Audit Committee Auditor Oversight Process ［EB/OL］. http: //www. ey. com/Publication/vwLUAssets/EY－enhancing－transparency－of－the－audit－committee－auditor－oversight－process－november－2012/MYMFILE/EY－enhancing－transparency－of－the－audit－committee－auditor－oversight－process－november－2012. pdf.

［52］ Ernst & Young. Enhancing Audit Committee Transparency: Themes in Audit Committee Disclosures in Australia, Canada, Singapore, the UK and the US ［DB/OL］. http: //www. ey. com/Publication/vwLUAssets/EY－Enhanced－audit－

committee-transparency-themes-in-audit-committee-disclosures/MYMFILE/EY-Enhanced-audit-committee-transparency-themes-in-audit-committee-disclosures. pdf.

[53] Farber D B. Restoring Trust After Fraud：Does Corporate Governance Matter? [J]. The Accounting Review, 2005 (2)：539-561.

[54] FRC. Improving the Auditor's Report：Note of a Public Meeting [Z]. 2013.

[55] Fried J M, Spamann H. Cheap-Stock Tunneling Around Preemptive Rights [J]. Journal of Financial Economics, 2020 (2)：353-370.

[56] Gendron Y, Bedard J, Gosselin M. Getting Inside the Black Box：A Field Study of Practices in "Effective" Audit Committees [J]. Auditing：A Journal of Practice & Theory, 2004 (1)：153-171.

[57] Gillan S L. Recent Developments in Corporate Governance：An Overview [J]. Journal of Corporate, 2006 (3)：381-402.

[58] Giroud X, Mueller H M. Does Corporate Governance Matter in Competitive Industries? [J]. Journal of Financial Economics, 2010 (3)：312-331.

[59] Goh B W. Audit Committees, Boards of Directors, and Remediation of Material Weaknesses in Internal Control [J]. Contemporary Accounting Research, 2009 (2)：549-579.

[60] Gul F A, Cheng L T, Leung T. Perks and the Informativeness of Stock Prices in the Chinese Market [J]. Journal of Corporate Finance, 2011 (5)：1410-1429.

[61] He X J, Pittman J A, Rui O M, et al. Do Social Ties Between External Auditors and Audit Committee Members Affect Audit Quality? [J]. The Accounting Review, 2017 (5)：61-87.

[62] Hermalin B E, Weisbach M S. Boards of Directors as an Endogenously Determined Institution：A Survey of the Economic Literature [J]. Economic Policy Review, 2003 (4)：7-26.

[63] Hoitash U, Hoitash R, Bedard J C. Corporate Governance and Internal Control over Financial Reporting：A Comparison of Regulatory Regimes [J]. The Accounting Review, 2009 (3)：839-867.

[64] Hutton A P, Marcus A J, Tehranian H. Opaque Financial Reports, R2,

and Crash Risk [J] . Journal of Financial Economics, 2009 (1): 67-86.

[65] IIA. Institute of Internal Auditors (IIA) . International Standards for the Professional Practice of Internal Auditing (standards) [EB/OL] . http: //www. theiia. org/guidance/standards-and-guidance/ippf/standards/Accessed 01. 12. 09, 2008.

[66] Jensen M C. Agency Costs of Free Cash Flow, Corporate Finance, and Takeovers [J] . The American Economic Review, 1986 (2): 323-329.

[67] Jensen M C, Meckling W H. Theory of the Firm: Managerial Behavior, Agency Costs, and Ownership Structure [J] . Journal of Financial Economics, 1979 (3): 305-360.

[68] Jiang G H, Lee C M, Yue H. Tunneling through Intercorporate Loans: The China Experience [J] . Journal of Financial Economics, 2010 (1): 1-20.

[69] Johnstone K, Li C, Rupley K H. Changes in Corporate Governance Associated with the Revelation of Internal Control Material Weaknesses and Their Subsequent Remediation [J] . Contemporary Accounting Research, 2011 (1): 331-383.

[70] Kang Y J, Trotman A J, Trotman K T. The Effect of An Audit Judgment Rule on Audit Committee Members' Professional Skepticism: The Case of Accounting Estimates [J] . Accounting, Organizations and Society, 2015 (10): 59-76.

[71] Kim S, Klein A. Did the 1999 NYSE and NASDAQ Listing Standard Changes on Audit Committee Composition Benefit Investors? [J] . The Accounting Review, 2017 (6): 187-212.

[72] Klein A. Economic Determinants of Audit Committee Composition and Activity [J] . SSRN Electronic Journal, 1998 (4): 1-38.

[73] Klein A. Audit Committee, Board of Director Characteristics, and Earnings Management [J] . Journal of Accounting and Economics, 2002 (3): 375-400.

[74] KPMG. Comments on Concept Release: Possible Revisions to Audit Committee Disclosures [Z] . 2015.

[75] Krishnan G V, Visvanathan G. Does the SOX Definition of An Accounting Expert Matter? The Association Between Audit Committee Directors' Accounting Expertise and Accounting Conservatism [J] . Contemporary Accounting Research, 2008 (3): 827-858.

[76] Krishnan J. Audit Committee Quality and Internal Control: An Empirical

Analysis [J] . The Accounting Review, 2005 (2): 649-675.

[77] Krishnan J, Wen Y, Zhao W l. Legal Expertise on Corporate Audit Committees and Financial Reporting Quality [J] . The Accounting Review, 2011 (6): 2099-2130.

[78] Lang M, Lins K V, Maffett M. Transparency, Liquidity, and Valuation: International Evidence on When Transparency Matters Most [J] . Journal of Accounting Research, 2012 (3): 729-774.

[79] Lee G, Fargher N L. The Role of the Audit Committee in Their Oversight of Whistle-Blowing [J] . Auditing: A Journal of Practice & Theory, 2018 (1): 167-189.

[80] Lee H Y, Mande V, Ortman R. The Effect of Audit Committee and Board of Director Independence on Auditor Resignation [J] . Auditing: A Journal of Practice & Theory, 2004 (2): 131-146.

[81] Lee J, Park J. The Impact of Audit Committee Financial Expertise on Management Discussion and Analysis (MD & A) Tone [J] . European Accounting Review, 2019 (1): 129-150.

[82] Lennox C S, Park C W. Audit Firm Appointments, Audit Firm Alumni, and Audit Committee Independence [J] . Contemporary Accounting Research, 2007 (1): 235-258.

[83] Lisic L L, Myers L A, Seidel T A, et al. Does Audit Committee Accounting Expertise Help to Promote Audit Quality? Evidence from Auditor Reporting of Internal Control Weaknesses [J] . Contemporary Accounting Research, 2019 (4): 2521-2553.

[84] Lisic L L, Neal T L, Zhang I X, et al. CEO Power, Internal Control Quality, and Audit Committee Effectiveness in Substance Versus in Form [J]. Contemporary Accounting Research, 2016 (3): 1199-1237.

[85] Luo W, Zhang Y, Zhu N. Bank Ownership and Executive Perquisites: New Evidence from an Emerging Market [J] . Journal of Corporate Finance, 2011 (2): 352-370.

[86] Magilke M J, Mayhew B W, Pike J E. Are Independent Audit Committee Members Objective? Experimental Evidence [J] . The Accounting Review, 2009

（6）：1959-1981.

［87］ MasterCard. Comments on Concept Release: Possible Revisions to Audit Committee Disclosures ［Z］. 2015.

［88］ Mcmullen D A. Audit Committee Performance: An Investigation of the Consequences Associated with Audit Committees ［J］. Auditing: A Journal of Practice & Theory, 1996 （1）：87-103.

［89］ Naiker V, Sharma D S, Sharma V D. Do Former Audit Firm Partners on Audit Committees Procure Greater Nonaudit Services From the Auditor? ［J］. The Accounting Review, 2013 （1）：297-326.

［90］ Norman C S , Rose J M, Suh I S. The Effects of Disclosure Type and Audit Committee Expertise on Chief Audit Executives' Tolerance for Financial Misstatements ［J］. Accounting, Organizations and Society, 2011 （2）：102-108.

［91］ Omer T C, Shelley M K, Tice F M. Do Director Networks Matter for Financial Reporting Quality? Evidence From Audit Committee Connectedness and Restatements ［J］. Management Science, 2019 （8）：3361-3388.

［92］ Pandit G M, Subrahmanyam V, Conway G M. Are the Audit Committee Reports Disclosing Enough After the Sarbanes-Oxley Act? A Study of NYSE companies ［J］. Managerial Auditing Journal, 2006 （1）：34-45.

［93］ Peng W Q, Wei K J, Yang Z S. Tunneling or Propping: Evidence from Connected Transactions in China ［J］. Journal of Corporate Finance, 2011 （2）：306-325.

［94］ PricewaterhouseCoopers. Comments on Concept Release: Possible Revisions to Audit Committee Disclosures ［Z］. 2015.

［95］ Rajan R G, Wulf J. Are Perks Purely Managerial Excess? ［J］. Journal of Financial Economics, 2006 （1）：1-33.

［96］ Reid L C, Carcello J V, Li C, et al. Impact of Auditor Report Changes on Financial Reporting Quality and Audit Costs: Evidence from the United Kingdom ［J］. Contemporary Accounting Research, 2019 （3）：1501-1539.

［97］ Sahyoun N, Magnan M. The Association Between Voluntary Disclosure in Audit Committee Reports and Banks' Earnings Management ［J］. Managerial Auditing Journal, 2020 （35）：795-817.

[98] Schmidt J, Wilkins M S. Bringing Darkness to Light: The Influence of Auditor Quality and Audit Committee Expertise on the Timeliness of Financial Statement Restatement Disclosures [J]. Auditing: A Journal of Practice & Theory, 2013 (1): 221-244.

[99] SEC. Concept Release: Possible Revisions to Audit Committee Disclosures [DB/OL]. 2015. Available from https://www.sec.gov/rules/concept/conceptar-chive/conceptarch2015.shtml.

[100] Sharma D S, Sharma V D, Tanyi P N, et al. Should Audit Committee Directors Serve on Multiple Audit Committees? Evidence from Cost of Equity Capital [J]. Auditing: A Journal of Practice & Theory, 2019 (2): 17-117.

[101] Sharma V D, Iselin E R. The Association between Audit Committee Multi-ple-Directorships, Tenure, and Financial Misstatements [J]. Auditing: A Journal of Practice & Theory, 2012 (3): 149-175.

[102] Shepardson M L. Effects of Individual Task-specific Experience in Audit Committee Oversight of Financial Reporting Outcomes [J]. Accounting, Organizations and Society, 2019 (8): 56-74.

[103] SIFMA. Comments on Concept Release: Possible Revisions to Audit Com-mittee Disclosures [Z]. 2015.

[104] Tang X S, Du J, Hou Q C. The Effectiveness of the Mandatory Disclosure of Independent Directors' Opinions: Empirical Evidence from China [J]. Journal of Accounting and Public Policy, 2013 (3): 89-125.

[105] Tapestry Networks. Viewpoints for the Audit Committee Leadership Sum-mit. Issue 22: May 2, 2013. Available from https://www.ey.mobi/Publication/vwLUAssets/ViewPoints: Enhancing-audit-committee-reporting/MYMFILE/ACLS-ViewPoints-Audi-committee-reporting-May-2013-AU1634.pdf.

[106] Wahal S, McConnell J J. Do Institutional Investors Exacerbate Managerial Myopia? [J]. Journal of Corporate Finance, 2000 (3): 307-329.

[107] Wild J J. The Audit Committee and Earnings Quality [J]. Journal of Accounting, Auditing & Finance, 1996 (2): 247-276.

[108] Ye Z S. Consequences of Voluntary Disclosures In The Audit Committee Report [J]. Working Paper, 2018 (1): 1-48.

[109] Yeh Y H, Chung H, Liu C. L. Committee Independence and Financial Institution Performance During the 2007-08 Credit Crunch: Evidence from a Multi-country Study [J]. Corporate Governance - An International Review, 2011 (5): 437-458.

[110] 薄仙慧, 吴联生. 国有控股与机构投资者的治理效应: 盈余管理视角 [J]. 经济研究, 2009 (8): 81-91.

[111] 蔡卫星, 高明华. 审计委员会与信息披露质量: 来自中国上市公司的经验证据 [J]. 南开管理评论, 2009 (4): 122-129.

[112] 陈冬华, 陈信元, 万华林. 国有企业中的薪酬管制与在职消费 [J]. 经济研究, 2005 (2): 92-101.

[113] 陈汉文, 王韦程. 谁决定了内部控制质量: 董事长还是审计委员会? [J]. 经济管理, 2014 (10): 97-107.

[114] 谌嘉席, 王立彦. 国内审计委员会研究: 十年回顾与展望 (2002-2011) [J]. 审计研究, 2012 (4): 61-67.

[115] 褚剑, 方军雄. 政府审计能够抑制国有企业高管超额在职消费吗? [J]. 会计研究, 2016 (9): 82-89.

[116] 邓晓岚, 陈运森, 陈栋. 审计委员会与薪酬委员会委员交叠任职、盈余管理与经理人薪酬 [J]. 审计研究, 2014 (6): 85-93.

[117] 耿云江, 王明晓. 超额在职消费、货币薪酬业绩敏感性与媒体监督: 基于中国上市公司的经验证据 [J]. 会计研究, 2016 (9): 55-61.

[118] 郝颖, 谢光华, 石锐. 外部监管、在职消费与企业绩效 [J]. 会计研究, 2018 (8): 42-48.

[119] 洪剑峭, 方军雄. 审计委员会制度与盈余质量的改善 [J]. 南开管理评论, 2009 (4): 109-114.

[120] 黄海杰, 吕长江, 丁慧. 独立董事声誉与盈余质量: 会计专业独董的视角 [J]. 管理世界, 2016 (3): 128-143.

[121] 姜付秀, 黄继承. 经理激励、负债与企业价值 [J]. 经济研究, 2011 (5): 46-60.

[122] 姜国华, 岳衡. 大股东占用上市公司资金与上市公司股票回报率关系的研究 [J]. 管理世界, 2005 (9): 119-126.

[123] 蒋琰. 权益成本、债务成本与公司治理: 影响差异性研究 [J]. 管

理世界, 2009 (11): 151-162.

[124] 李明, 叶勇. 媒体负面报道对控股股东掏空行为影响的实证研究 [J]. 管理评论, 2016 (1): 73-82.

[125] 李新春, 杨学儒, 姜岳新, 等. 内部人所有权与企业价值: 对中国民营上市公司的研究 [J]. 经济研究, 2008 (11): 28-40.

[126] 李艳丽, 孙剑非, 伊志宏. 公司异质性、在职消费与机构投资者治理 [J]. 财经研究, 2012 (6): 27-37.

[127] 李云, 王菲菲, 尹天祥. CEO 权力、审计委员会专业性与审计费用 [J]. 审计研究, 2017 (6): 91-98.

[128] 刘彬. 审计委员会特征对信息披露质量的影响研究: 基于投资者保护视角 [J]. 审计与经济研究, 2014 (1): 39-47.

[129] 刘磊, 姚振晔, 张永进. 企业高管内部人交易行为存在自我激励效应吗?: 基于"八项规定"出台所构建的外生事件 [J]. 北京工商大学学报 (社会科学版), 2019 (11): 37-50.

[130] 刘力, 马贤明. 审计委员会与审计质量: 来自中国 A 股市场的经验证据 [J]. 会计研究, 2008 (7): 84-89.

[131] 陆正飞, 祝继高, 孙便霞. 盈余管理, 会计信息与银行债务契约 [J]. 管理世界, 2008 (3): 152-158.

[132] 罗党论, 唐清泉. 市场环境与控股股东"掏空"行为研究: 来自中国上市公司的经验证据 [J]. 会计研究, 2007 (4): 69-74.

[133] 罗宏, 黄文华. 国企分红、在职消费与公司业绩 [J]. 管理世界, 2008 (9): 139-148.

[134] 罗炜, 朱春艳. 代理成本与公司自愿性披露 [J]. 经济研究, 2010 (10): 143-155.

[135] 吕长江, 肖成民. 民营上市公司所有权安排与掏空行为 [J]. 管理世界, 2006 (10): 128-138.

[136] 马壮, 李延喜, 王云, 等. 媒体监督、异常审计费用与企业盈余管理 [J]. 管理评论, 2018 (4): 219-234.

[137] 毛建辉. 独立董事声誉能抑制大股东掏空行为吗?: 基于中小板的经验数据 [J]. 南京审计大学学报, 2018 (5): 66-74.

[138] 牟韶红, 李启航, 陈汉文. 内部控制、产权性质与超额在职消费: 基

于 2007-2014 年非金融上市公司的经验研究［J］. 审计研究, 2016（4）：90-98.

［139］倪慧萍. 审计委员会设立对盈余管理的影响［J］. 审计与经济研究, 2008（3）：28-32.

［140］潘珺, 余玉苗. 审计委员会履职能力、召集人影响力与公司财务报告质量［J］. 南开管理评论, 2017（1）：108-118.

［141］潘秀丽. 上市公司审计委员会信息披露问题研究［J］. 中央财经大学学报, 2009（3）：81-85.

［142］权小锋, 吴世农, 文芳. 管理层权力、私有收益与薪酬操纵［J］. 经济研究, 2010（10）：73-87.

［143］邵帅, 吕长江. 实际控制人直接持股可以提升公司价值吗?：来自中国民营上市公司的证据［J］. 管理世界, 2015（5）：134-146.

［144］孙亮, 周琳. 女性董事, 过度投资与绩效波动：基于谨慎性视角的研究［J］. 管理评论, 2016（7）：165-178.

［145］王华, 黄之骏. 经营者股权激励、董事会组成与企业价值：基于内生性视角的经验分析［J］. 管理世界, 2006（9）：101-116.

［146］王守海, 李云. 管理层干预, 审计委员会独立性与盈余管理［J］. 审计研究, 2012（4）：68-75.

［147］王守海, 许薇, 刘志强. 高管权力、审计委员会财务专长与财务重述［J］. 审计研究, 2019（3）：101-110.

［148］王雄元, 管考磊. 关于审计委员会特征与信息披露质量的实证研究［J］. 审计研究, 2006（6）：44-51.

［149］王雄元, 张士成, 高祎. 审计委员会特征与会计师事务所变更的经验研究［J］. 审计研究, 2008（4）：87-96.

［150］王跃堂, 涂建明. 上市公司审计委员会治理有效性的实证研究：来自沪深两市的经验证据［J］. 管理世界, 2006（11）：135-143.

［151］魏涛, 陆正飞, 单宏伟. 非经常性损益盈余管理的动机、手段和作用研究：来自中国上市公司的经验证据［J］. 管理世界, 2007（1）：113-121.

［152］吴清华, 王平心, 殷俊明. 审计委员会、董事会特征与财务呈报质量：一项基于中国证券市场的实证研究［J］. 管理评论, 2006（7）：49-56.

［153］吴少微, 杨忠. 中国情境下的政策执行问题研究［J］. 管理世界,

2017 (2)：85-96.

[154] 吴水澎，庄莹. 审计师选择与设立审计委员会的自选择问题：来自中国证券市场的经验证据 [J]. 审计研究，2008 (2)：47-54.

[155] 吴溪，赵鸿，陈克杰，等. 审计委员会与注册会计师的沟通：基于中国证券市场首次强制披露的描述及其含义 [J]. 审计研究，2011 (2)：87-97.

[156] 夏文贤. 大股东股权特征与审计委员会设立 [J]. 审计研究，2005 (6)：45-50.

[157] 向锐. 终极所有权结构、产权性质与审计委员会设立：基于中国上市公司的经验证据 [J]. 山西财经大学学报，2012 (4)：117-124.

[158] 向锐，徐玖平，杨雅婷. 审计委员会主任背景特征与公司内部控制质量 [J]. 审计研究，2017 (4)：73-80.

[159] 向锐，杨雅婷. 审计委员会主任背景特征与公司盈余管理：基于应计与真实盈余管理的研究 [J]. 审计与经济研究，2016 (3)：31-40.

[160] 谢德仁. 审计委员会：本原性质与作用机理 [J]. 会计研究，2005 (9)：69-74.

[161] 谢德仁，汤晓燕. 审计委员会主任委员本地化与公司盈余质量 [J]. 审计研究，2012 (6)：90-96.

[162] 谢获宝，李小明. 审计委员会运作机理分析及对我国公司治理的启示 [J]. 科技进步与对策，2004 (4)：26-28.

[163] 谢永珍. 中国上市公司审计委员会治理效率的实证研究 [J]. 南开管理评论，2006 (1)：68-75.

[164] 薛健，汝毅，窦超. "惩一" 能否 "儆百"?：曝光机制对高管超额在职消费的威慑效应探究 [J]. 会计研究，2017 (5)：68-74.

[165] 鄢志娟，涂建明，吴青川. 审计委员会的功能缺失与公司财务报告违规：基于五粮液的案例研究 [J]. 审计与经济研究，2012 (6)：49-56.

[166] 闫伟宸，肖星. CEO 和董事之间的 "本家关系" 增加了代理成本?[J]. 管理评论，2019 (4)：101-118.

[167] 杨有红，赵佳佳. 审计委员会职责再造与关系梳理 [J]. 会计研究，2006 (5)：17-24.

[168] 杨忠莲，杨振慧. 独立董事与审计委员会执行效果研究：来自报表重述的证据 [J]. 审计研究，2006 (2)：81-85.

[169] 叶康涛，陆正飞，张志华．独立董事能否抑制大股东的"掏空"？[J]．经济研究，2007（4）：101-111.

[170] 翟华云．审计委员会和盈余质量：来自中国证券市场的经验证据[J]．审计研究，2006（6）：50-57.

[171] 翟华云．审计师选择和审计委员会效率：来自2004年中国上市公司的经验证据[J]．经济科学，2007（2）：93-103.

[172] 翟胜宝，徐亚琴，杨德明．媒体能监督国有企业高管在职消费吗？[J]．会计研究，2015（5）：57-63.

[173] 张川，黄夏燕．审计委员会权力侵蚀、管理层激励与盈余质量[J]．审计与经济研究，2018（3）：40-51.

[174] 张世鹏，张洁瑛，谢星．会计独董，治理环境与审计委员会勤勉度[J]．审计研究，2013（3）：67-74.

[175] 张铁铸，沙曼．管理层能力，权力与在职消费研究[J]．南开管理评论，2014（5）：63-72.

[176] 张阳，张立民．独立性威胁、审计委员会制约有效性：理论分析与实证研究[J]．会计研究，2007（10）：89-96.

[177] 赵放，孙哲，聂兴凯．审计委员会中会计独董的同城特征与股价崩盘风险[J]．审计研究，2017（5）：104-112.

[178] 郑国坚，林东杰，张飞达．大股东财务困境、掏空与公司治理的有效性：来自大股东财务数据的证据[J]．管理世界，2013（5）：157-168.

[179] 钟马，徐光华．社会责任信息披露、财务信息质量与投资效率：基于"强制披露时代"中国上市公司的证据[J]．管理评论，2017（2）：234-244.

[180] 周玮．政治密度、在职消费与制度环境[J]．软科学，2010（8）：65-69.

[181] 周中胜，陈汉文．大股东资金占用与外部审计监督[J]．审计研究，2006（3）：73-81.